THE PERFECT MENTAL DIET

新装版 痩せるNo.1理論

メンタルトレーナーが教える

最強のダイエット

ラクラク痩せられる脳の法則

メンタルトレーナー&
目標達成ナビゲーター

西田一見

HATSUMI NISHIDA

現代書林

本書は、２００５年に刊行した『痩せるNo.１理論』（現代書林）に加筆・修正をした新装版です。

はじめに

「ダイエットといえば、努力、ガマン、つらい、苦しい、面倒くさい……」

「そんな大変なことを頑張って続けなければならない」

「だから、痩せたいけど、痩せられない……」

「やっぱり意志が弱いの？　努力が足りないの？」

そう思ったあなた、それは違います！！！

もしもこれまで、あなたがダイエットに失敗しているとしたら、それは、あなたの意志が弱いせいでも、努力が足りないせいでもありません。

ただ、あなたの脳をコントロールするだけでいいのです。

私はこれまで経営者、トップアスリート、トップモデル、芸能人の方々、それに受験生などをサポートし、数多くの分野で成功のお手伝いをしてきました。なかには起業して数年で年商1000億円を超える企業になった会社もあれば、オリンピックで大活躍した選手、高校球児から目標のメジャーリーガーになった選手もいます。受験生ではわずか数か月で全国模試1番になった学生もいます。

指導を受けられた皆さんが目標を達成し、夢の実現へ突き進み、さまざまな分野で一流といわれる人に変わっていくのを見ると本当にうれしく思います。

私は経営者に経営理論を教えているわけでも、スポーツ選手に競技指導をしているわけでもありません。まして、受験生に難しい勉強を教えているわけでもありません。

しかし取り組む内容が違っても、目標達成という意味ではみんな同じです。

なぜ指導を受けられた方々が飛躍し、変わっていくのかというと、目標達成に必要な脳の使い方を教えているからです。目標達成という面から見ると、高度な技術や知識、能力や経験がほとんど必要のないダイエットは、すべての分野の目標達成の中で最も簡単だといえるのではないでしょうか。

本書は、2005年に刊行した私の初めての著書『痩せる№1理論』に加筆・修正をした新装版です。刊行した当時から多くの方に喜んでいただき、長く愛していただきました。私自身も、刊行前に本書の内容を確認する意味でダイエットに取り組み、3か月で10キロ以上の減量に成功しました。それ以降、現在まで体重はほとんど変わっていません。

私たちができるとかできないとか、簡単とか難しいとか感じるのは、すべて脳が導き出しているものです。同じ事柄でも人によって脳が導き出す答えが違います。例えば、先ほどの「3か月で10キロの減量」でも次のように、人によって変わります。

- 3か月で10キロは自分にも簡単にできそうと思える
- 3か月で10キロは自分にはすごく難しいと思える
- 3か月で10キロは難しいけど、半分の5キロならできそうと思える
- 3か月で10キロは難しいけど、倍の6か月あればできそうと思える
- 3か月も6か月も無理、3日坊主だから3日だけならできると思う

まさに同じ事柄でも人それぞれ、さまざまな答えを導き出すのが脳なのです。

トップモデルでも芸能人でもプロ選手でも、一流の人が目標達成を当たり前のように実現していくのは、私が指導している「SBTスーパーブレイントレーニング」で徹底的に脳をセルフコントロールしているからです。

私たちは笑ったり泣いたり、喜怒哀楽のある脳を持っていれば、誰の脳でもその機能にほとんど差はありません。ただ、一般の人は目標に対してマイナスに脳がとらえるのに対

し、一流の人は目標に対してプラスに脳がとらえるだけです。一流になる人たちは、目標に対して脳をプラスにコントロールする思考習慣を身につけてしまっただけなのです。

本書は誰もが同じシステムでできている脳の機能を逆に利用して、ダイエットの目標達成を実現してもらうための内容です。この本でダイエットの目標達成が「楽しくて、楽しくて仕方がない！」と、あなたの脳が変わってしまえば、ダイエットなどあっという間に、そして笑ってしまうぐらい簡単にできてしまうでしょう。

「ダイエット」というと食事制限をしたり、激しい運動をしたりと、強い意志の力が必要だというのが今までの常識でした。もちろんそれも重要ですが、本書で紹介するのはごく自然に日常生活を過ごしながら、ラクラクと理想の体重や美しいボディラインを手に入れることができる脳の使い方です。

「そんなことが本当にできるの？」と半信半疑の方もいらっしゃるでしょうが、私を信頼してこの方法を実践してみてください。きっとあなたは新しい自分に生まれ変わることができるはずです。

さあ、あなたの夢を実現しましょう。ダイエットに成功した健康的で美しいボディを自分自身にプレゼントしてあげましょう。

メンタルトレーナーが教える**最強のダイエット**

CONTENTS

CHAPTER 1

ダイエットに失敗した理由はここにある

CHAPTER 2

ダイエット成功のカギは脳が握っている

CHAPTER

3 脳を変えてラクラク痩せられる自分になる

CHAPTER

4 脳を使ってどんな誘惑にもワクワク打ち勝つ

CHAPTER 5

痩せたあとはもっと輝くように自分を磨く

THE PERFECT MENTAL DIET

CHAPTER 1

ダイエットに失敗した理由はここにある

できると信じたらダイエットは成功する

「あなたは、ダイエットをしたことがありますか？」

この質問には、ほとんどの女性が「ＹＥＳ」と答えるのではないでしょうか。では、次の質問はどうでしょう。

「あなたは、ダイエットに成功していますか？」

おそらく「ＮＯ」と答える方が圧倒的に多いのではないでしょうか。

ダイエットに失敗した人がこうした言葉をよく口にします。

「自分は意志が弱いから、ダイエットできない」

「根気が足りないから、ダイエットもいつも途中であきらめてしまう」

でもダイエットできなかったのは、あなたの精神力や気力が原因ではありません。意志や精神力でダイエットできるなら、失敗する人はもっと少ないはずです。

GOLDEN RULE OF BRAIN

ダイエットに成功した人は「できる」と信じた人
ダイエットに失敗した人は「できる」と信じられなかった人

「できると信じることなら、私にもできる」と思ったら、あなたはダイエットに成功できます。「そんな簡単なことなら、お手のもの」と思ったのならば、もう絶対にダイエットできてしまいます。

なぜなら、あなたの脳が「ダイエットできる」と信じることこそ、ダイエットを成功させる最大のポイントだからです。

マイナスの口グセがダイエットを失敗に導く

あるとき電車に乗っていた私の耳に、若い女性たちの会話が飛び込んできました。

「私また、今日からダイエットするの。どうせ続かないけどね」

声のするほうを見ると、お菓子を片手にジュースを飲みながらです。「それでダイエットはないだろう」と、思わずツッコミを入れたくなってしまったほどですが、会話はさらに続きます。

「で、ダイエットって何するの？」

「今日からランチ抜くの」

「でも昼抜くよりは夜抜いたほうがいいみたいよ」

「うん、知っているけど夜は食べたいから」

「そうかぁ、ザンネン。買い物したら、○○で見つけたレストランでランチしようって思ってたんだけど……」

「えっ！　私も行きたかったの、そこ。行こう、行こう！」

○○というのは、若い女性に人気のグルメサイトです。お菓子片手に「今日からダイエット」といっていた時点でわかっていたことですが、こんな調子では絶対にダイエットはできません。

この会話をしているときでも、彼女は、昨日決めたばかりのダイエットの決意をすっかり忘れてしまっています。きっと明日も、「また今日からダイエット、どうせ続かないけどね」と同じセリフをいっているに違いないでしょう。

これではまるで「自分の趣味はダイエットに失敗すること」と告白しているようなものです。

GOLDEN RULE OF BRAIN

「どうせ続かない」と思ったことは、「やはり続かなかった」になる

まさか、あなたにも同じような経験はないですよね。「また今日からダイエット」とか「どうせ続かない」などと口にしている人、その人は間違いなくダイエットの〝負け組〟です。こんなマイナスのことをいえばいうほど、その人の脳は「ダイエットに成功できない脳」になってしまいます。

脳の仕組みを理解すれば、このようなわざわざダイエットを失敗させるようないい方はタブーだということがわかるはずです。

ダイエットに失敗する5つのタイプ

ダイエットの負け組にもさまざまな種類がありますが、大きく分けると次のような5つのタイプに分類できます。

①「ダイエット・コレクター」なタイプ

いろいろなダイエット法にチャレンジしては失敗しているタイプです。そのたびに「このダイエット法は私には合わない」とか「もともとこのダイエット法は効果がないもの」と考え、こりずに次のダイエット法を探します。ダイエットに挑戦する多くの人がこのタイプで、ダイエットの挫折を繰り返し、自分でダイエットを難しくしてしまっています。

②「明日からダイエットが口グセ」なタイプ

ダイエットの必要性もわかっていて、「やろうやろう」と思いながらなかなかダイエットに踏み切れないタイプです。「明日からダイエットしよう」と先延ばしにし、結局、願望だけで行動に移せないのです。失敗経験が少ないことはいいのですが、「ダイエットは苦しい」というマイナスのイメージを持っているため、実行前からマイナス思考になっています。

③「試供品だけもらって満足」なタイプ

あれこれ悩みながら、結局、本格的にダイエットに取り組むことはないタイプです。「自分に合ったダイエットがあればやりたい」と基本的に思っているのですが、実際にはダイエットできません。無料試供品などをもらって満足してしまう人も、このタイプに分類されます。

④「流行りものが大好き」なタイプ

熱しやすく、冷めやすいタイプです。新しいダイエット法が紹介されたり、あるダイエット法がブームになったりするとすぐ飛びつくものの、長続きしません。ダイエットだけでなく、恋愛にもいえるかもしれませんが、「自分は感覚派」とか「私は感性派人間」と思っている人に多いタイプです。

⑤「最初からあきらめモード」なタイプ

ダイエットを試す前から、「どうせ自分は変われない」と自分を信じていないタイプです。ダイエットしながらも、「どうせ私は……」とあきらめの境地に達しています。肥満の期間が長くなればなるほど、「自分を信じられない度」が高くなっています。

いかがでしょう、あなたは、どのタイプでしょう？　もし、この5つのタイプに該当するようであれば、自分のタイプに○をつけてください。該当しなければ、⑥の（　）の中に思いつくタイプを記入してください。

今の作業で、あなたの脳にデータがインプットされ、ダイエットできなかった理由がハッキリしました。

そしてこれからの私の話で、あなたの「ダイエットできなかった理由」がどんどん解消されていきます。その結果、あなたは「ダイエットできる自分」になっていくのです。

自分のタイプ

- ❶「ダイエット・コレクター」なタイプ □
- ❷「明日からダイエットがログセ」なタイプ □
- ❸「試供品だけもらって満足」なタイプ □
- ❹「流行りものが大好き」なタイプ □
- ❺「最初からあきらめモード」なタイプ □
- ❻（　　　　　　　　　　　　　　　　）

苦しいと思っていたらダイエットは失敗する

何度もダイエットにチャレンジするものの、失敗してはリバウンドの繰り返し……。その理由は何でしょう？

じつはダイエットできない大きな〝理由〟というものがあるのです。その理由を突き止め、解消しなければ、また同じことの繰り返しになってしまいます。

ダイエットそのものに脳がストレスを感じ、ダイエットを失敗するように導いていたのです。

指導する際、「ストレスとはいったい何でしょう？」と私は質問します。すると「プレッシャーになるようなこと」とか「モヤモヤした気分」とか「うまくいかないときのイヤな感じ」といったさまざまな答えが返ってきます。

ストレスとは、「イヤだなぁ」と感じることすべてです。ダイエットの失敗を繰り返している女性の多くは「苦しい運動をしたけどあまり痩せられなかった↓イヤだなぁ」とか、

「苦労してカロリー制限したのにリバウンドした→イヤだなぁ」「食べたいものが食べられない→イヤだなぁ」といったように、ダイエットそのものに強いストレスを感じています。このストレスがある限り、一生懸命にダイエットをしても痩せられません。

一生懸命にダイエットするということは、その努力の分だけ、ストレスも強くなります。ということは、一生懸命にダイエットすればするほど、痩せることから遠ざかることになってしまうわけです。

GOLDEN RULE OF BRAIN

ダイエットに失敗するのは、脳の「マイナスの記憶データ」のせいである

ダイエットに成功できないほとんどすべての人は、ダイエットはつらくて苦しいものと脳が勝手に記憶しています。そのマイナスの記憶データが、無意識のうちにダイエットの障壁になってしまっているのです。

これでは、どんなに素晴らしいトレーニングや理論的に優れた食事制限の指導を受けても、ダイエットの成功はありえません。あなたの脳にある「マイナスの記憶データ」を一括消去しない限り、ダイエットは成功しないのです。

本能は理性ではコントロールできない

ストレスは、せっかく実りはじめたダイエット効果を一瞬にしてなくしてしまう〝ダイエットの大敵〟です。

ストレスを受けると、私たちは無意識にストレスを発散させようとします。何かをして、ストレスを忘れさせようとするわけです。

そう仕向けるのは、ほかならぬ脳です。そしてストレスを忘れさせようとする脳の作業が「欲」なのです。

女性たちの間では、よくこんな会話が登場します。

「ストレスがたまると、つい衝動買いしてしまうのよね」

「ストレスを感じると、いけないとわかっていてもヤケ食いしちゃうのよね」

衝動買いやドカ食い、ヤケ食いは、ストレスを発散させようとする脳の本能的な作業なのです。

これは本能のなせるワザであって、とても理性でコントロールできるものではありません。しかも食欲は生理的欲求の中で一番強い欲求ですから、食欲を満たすことでストレスを発散する女性が多くなってしまうのです。

多くの女性の脳には、「甘いもの→快」とインプットされていますから、ストレスが強くなればなるほど、脳は比例して甘いものが欲しいという信号を送ります。だから、気がついたときは体重計の数字がプラスになっているわけです。

GOLDEN RULE OF BRAIN

ヤケ食いの罪はあなたにない。罪は「食べたい！」と指令を出す脳にある

ですから、ストレスから衝動買いしたり、甘いものに手が伸びてしまったりするのは、あなたに理性がないからでも、理性が弱いからでもありません。理性で抑えつけようとしても、「欲しくなってしまう」のですから、どうしようもありません。「欲しがりなさい」という〝脳の本能的な仕業〟なのですから、あなたもあなたの理性も無罪です。

あらためていいますが、ダイエットがうまくいかないのは、あなたの意志が弱いからでも、ダイエット法が合わないからでもないのです。

つまりはダイエットの成否は脳の使い方次第。脳をコントロールして、ストレスからフリーになること。それこそがダイエットに成功できる唯一の方法なのです。

GOLDEN RULE OF BRAIN

今度こそ、あなたはダイエットに成功する
なぜなら、「成功する法則」に出会えるから

ダイエットの成功に特別な方法はない

私の周りには、本当に笑ってしまうくらいラクラクとダイエットに成功してしまう人が大勢います。私は「ダイエットの天才たち」と呼んでいますが、ダイエットになかなか成功できない人からすれば、実にうらやましい存在でしょう。

こうしたダイエットの天才たちは、自分だけの秘密のダイエット法をこっそり実行しているわけでもありませんし、ダイエットの方法も個々に違います。しかし、見事なほどきっちりダイエットを成功させてしまうのです。

このダイエットの天才は誰かというと、トップアスリートやトップモデルといった、それぞれの世界で一流の人たちです。

たとえば、私たちがメンタル面、栄養面、トレーニング面を指導しているスポーツ種目の中には階級制（体重制限）の競技があります。柔道、ボクシング、レスリングなどの競技がそうですが、この選手たちといったら、ダイエットの天才中の天才です。彼らは本当に驚異的といっていいほど、いとも簡単に体重をコントロールしてしまいます。「コントロール」などという言葉さえ、似つかわしくないほどです。なぜなら試合が近づくと、彼らは不思議と自分の目標の体重になってしまうのです。

どの競技でもそうですが、その計量日までにその体重になっていなければ試合には出られません。

だから、明確なダイエットの目標を達成していくのです。もちろんダイエットの目標達成はあくまで通過点であって、その先の本番、つまり試合に出て勝利することが本来の目的ですから、当然のように体重も完璧に仕上げてくるわけです。

こうした〝ダイエットの天才〟たちは、それぞれが違うダイエット法を実践しているにもかかわらず、いとも簡単にダイエットを成功させてしまいます。ですから、ダイエットは「この方法だからダイエットできた」とか「このダイエット・プログラムでなければダイエットできない」というものではないことがおわかりになるでしょう。

GOLDEN RULE OF BRAIN

天才は、手段や方法が成功を左右しないことを熟知している
だから、天才は手段や方法にこだわらない

スポーツ選手やトップモデルのようなダイエットの天才とまでいかなくても、あなたの周りにもダイエットに成功した人がいるのではないでしょうか？

その人を見て、「あの人にできて、なぜ私にできないのか？」と思ったことはありませんか？「きっと特別なダイエット法があって、それで成功したに違いない。私はその方法を知らないだけ」と、無理やり自分を納得させた経験があるかもしれません。

しかし、あの人が成功して、あなたが知らない特別なダイエット法などありません。あの人とあなたとは、それほど違ったダイエット法をやったわけではないはずです。

つまり、同じダイエット法を行いながら、ダイエットに大成功してしまう人もいれば、思うようなダイエットができない人もいるということです。

「弘法筆を選ばず」という言葉がありますが、ダイエット法は筆のようなもので、どんな筆でも成功できる人は成功できるのです。ダイエットに成功するためには、どんなダイエットをするかではなく、この本でお話する「ダイエットに成功する方法」が最も重要になるのです。

ダイエットにラクラク成功する方法がある

どうしてトップアスリートやトップモデルはラクラクとダイエットに成功するのでしょうか？

それは、彼らの脳がやる気満々の「できる脳」だからです。何でも思うようにできてしまう「できちゃった脳」といってもいいかもしれません。

私たちの感情・思考、行動をコントロールしているのは、いうまでもなく脳です。彼らはダイエットするとき、少しだけ上手に脳をコントロールし、記憶とイメージをうまく使っているから、ダイエットにラクラク成功してしまうのです。

私たちが開発したスーパーブレイントレーニングは、この「できる脳」をつくるトレーニングにほかなりません。だから、ダイエットばかりでなく、さまざまなジャンルで、さまざまな異なる目標がいとも簡単に次々と実現されているのです。

「できる脳」――それは成功のための最強の脳といっても過言ではありません。

GOLDEN RULE OF BRAIN

ダイエットの天才は、少しだけ上手に脳をコントロールしている

大事なのはできないことを認めないこと

「できる脳」になると、ダイエットなど苦もなく成功してしまいます。

ダイエットだけではありません。「できる脳」は不可能と思われるような思考や行動も可能にしてしまうのです。それは、「できる脳」は「できないことを認めない脳」だからです。この真理を別のエピソードで検証してみましょう。

たとえば、電車に乗っていると、体格の立派なオバサン（失礼！）が狭い座席の隙間に無理やりお尻を押し込んで強引に自分の席をつくる光景を見かけたりします。両隣の人はたまったものではありません。

「もしもし、世の中には道理というものがあります。無理を押せば道理が引っ込むといっても、そのお尻では引っ込むものも引っ込みませんよ」

思わずそう声をかけたくもなりますが、無理を押して道理を引っ込ませたこのオバサンも、私にいわせれば天才です。「できないことを認めない脳」を備えているからです。

常識のある人なら、座席の幅を見て、「狭い→座れない→やめておこう」と考えます。しかし、「できないことを認めない脳」を持っているオバサンは「隙間がある→座れる→座ろう」と考え、即、行動に移します。

同じ幅を見て、「やめておこう」と考えるのも、「座ろう」と考えるのも「脳」です。座れないと考えた常識人は、幅を見て不可能と判断しました。

しかし、「できないことを認めない脳」を持つ天才は、自分のお尻の幅と空席の幅を比較したりしません。「隙間がある→できる＝座れる」と判断しますから、グイグイとお尻を押し込んでしまうのです。

そうなるとどうでしょう。１人分の空間に見事に（？）１・５人分の体積が入ってしまいます。両隣の人はそれだけの圧力を受けるわけですが、何とかお尻がおさまってしまうから不思議です。

結果的に隣の人が耐えかねて立ち上がったりしても、狭い隙間に座ったその女性の「できる脳」は、「やはり座れたじゃない」と可能性と成功を再確認するだけです。

そうした「できるか、できないか」を考えない非常識な脳、「何でもできる」と単純に信じ込める脳を持つ人を、私たちは「天才」と呼ぶのです。

GOLDEN RULE OF BRAIN

天才は「できないことを認めない脳」を持つ。だから、思考と行動の制約がない

思考と行動に制約がないのですから、一般的に不可能と思えることも、天才の「できる脳」は〝できる〟ととらえます。だから、とんでもない行動を起こし、とうてい不可能と思えるような非常識を可能にしてしまいます。だから、無理やり座ってしまうオバサンも、ある種の天才なのです。

この天才の「できる脳」は、しばしば誤解を招きます。人の目に、「わがままな脳」とか「自分勝手な脳」と映ってしまうことがあるからです。天才的な才能を発揮する人に、ときとして「傍若無人」といった言葉がつくことがありますが、それは彼らの「できる脳」がそうさせてしまうのです。また、何でもできてしまうから「傍若無人」に見えることもあるようです。

私たちの動作は、心を表しているといっても過言ではありません。心とは脳です。仕事でもスポーツでも自分に自信がある人は、動きひとつとっても自信に満ちあふれています。脳が「できる脳」になっているため、動作が自信のある動作になり、周りの人の目にもそう映るのです。

華道や茶道、日本舞踊などでは〝形〟を大事にします。形をつくることは心をつくること、「できる脳」をつくること、「できる脳」で自信に満ちた美しい挙動と世界をあらわすことにほかならないからです。

電話番号を覚えられれば誰でも天才

「できないことを認めない脳」を天才の脳といいました。「天才の脳」という言葉からは、とんでもない能力を持った脳が連想されるでしょう。でも、あなたの脳も、「できないことを認めない天才の脳」「何事も成し遂げられる成功脳」なのです。

私たちのトレーニングでは、「自宅の電話番号を覚えられれば天才の脳」といっています。自宅の電話でも、携帯でも、電話番号はだいたいが10ケタとか11ケタです。しかしそうした10ケタもの番号を記憶するのは、じつは大変な能力なのです。

算数の√（ルート）や歴史の年号を暗記したことを思い出してください。√3を「ひとなみにおごれや」、√5を「ふじさんろくにオームなく」とか、歴史の勉強で「イイクニ（1192）つくろう鎌倉幕府」（現在では1185年のようですが……）とか、語呂やこじつけを使って苦労しながら覚えたはずです。

でも、10ケタもあるのに、自宅の電話番号は誰でも簡単に覚えます。恋人の電話番号なら、一度聞いただけで頭に入ってしまいます。

なぜなら、年号を覚えることは、覚えないと成績が上がらないとか試験に結びつくとか、面倒でイヤなものだからです。

ところが、自宅や恋人の電話番号を覚えることでは、否定的な感情になりません。だから、覚えようとしなくても頭に入ってしまうのです。

脳については後の章でお話したいと思いますが、人間の脳はスマートフォンにたとえることができます。

最新のモデルであれば、どのメーカーのスマートフォンでも機能は、そんなには変わらないと思います。

しかし、使い手によって大きな差ができてしまいます。スマホを上手に使いこなしている人なら、1台で何でもできる魔法のツールになりますが、まったく使えない人なら単なる電話とメールの専用機になってしまいます。

同じように、私たちの脳に機能の差はまずないのです。問題は、どのような使い方をするかなのです。

重要なことは、あくまでも「脳の使い方」です。10ケタの自宅の電話番号が覚えられれば、あなたの脳は「できる脳」の素質を十分に持っています。

それは、「ダイエットできないことを認めない脳」、使い方次第で「ラクラクとダイエットできてしまう脳」になります。たぶん、あなたは自宅の電話番号は記憶できているでしょうから、簡単にダイエットできてしまうのです。

面倒なカロリー計算も、つらいエクササイズも、高価なダイエットサプリメントも必要ありません。脳の使い方さえわかってしまえば、ダイエットなど自然と成功してしまうのですから。

ドキドキワクワクが成功の秘訣

では、誰でも「できないことを認めない天才の脳」を持っていながら、ダイエットできない現実があり、多くの女性が悪戦苦闘しているのはなぜでしょう？　それは、私たちの精神状態に関係します。

私たちの精神状態には4つのパターンがあります。恋愛とからめてみると、この4つの状態が非常によくわかります。

①メンタルヴィゴラス状態（やる気満々状態）＝超ワクワク初恋状態

「ヴィゴラス」とは、「力強く」「元気・活発・迫力のある」「威勢のいい」「精力的な」状態です。この状態はストレスもマイナス思考もなく、何事にもアグレッシブにチャレンジでき、実現してしまいます。初恋の人に会いに行くときは胸が切ないくらいドキドキしますが、まさにその状態です。

②メンタルサプレスト状態（仕方ない状態）＝惰性恋愛状態

「抑圧された状態」で、わかりやすくいうと「しなければいけない」と感じている状態です。結婚して長い時間がたつと、ドキドキワクワク状態がすっかり冷め、お互いのイヤなところが目につくようになります。結婚していなくても、交際が長くなるとこの状態になります。苦痛を感じながらも、「仕方ない、一緒にいなければいけない」と義務感で自分を縛っているような状態です。

③メンタルディプレスト状態（無気力状態）＝思秋期状態

サプレストより悪い状態で、「行動する前からあきらめがあり、やる気が起きない状態」です。結婚していても、つき合っていても、「仕方ない、一緒にいなければ」という義務感すら薄れ、お互いに何も期待しなくなっている状態です。

④バーンアウト状態（燃え尽き状態）＝家庭内離婚状態

「生きるエネルギー、パワー、生命力が尽きてしまった状態」で、「心の糸が切れた状態」という表現もできます。ご主人や異性といてもドキドキしないどころか、「一緒にいるのもイヤ、顔を見るのもイヤ」という状態です。

これをダイエットに当てはめてみるとこうなります。

①メンタルヴィゴラス状態………ドキドキワクワクと楽しくやれている
②メンタルサプレスト状態………「ダイエットしなければいけない」と続けている

③メンタルディプレスト状態……「どうせできるはずはない」と期待なしにやっている
④バーンアウト状態……………エネルギーもやる気も尽き果ててしまっている

「ダイエットの天才」たちは、いつも①の状態です。

ところが、普通の人は②と③を行ったり来たりしています。そして、ひどい困難に遭遇したり、逆境に立たされたりすると④になります。

いうまでもなく、ダイエットに成功するのは、①のメンタルヴィゴラス脳だけです。あとの3タイプの脳ではダイエットしても必ず失敗します。

ところで、みなさんは初恋を経験したことがありますか⁉

というのは、初恋をした人であれば、ドキドキワクワクのヴィゴラス状態を知っているからです。

その状態を経験していれば、そのドキドキワクワクさえ思い出せば、ダイエットは絶対に成功してしまうのです。

脳のコントロールとは、「ヴィゴラス脳＝ドキドキワクワクとチャレンジできてしまう脳＝ダイエットできてしまう脳」をつくり出すことです。

必要なことは、脳の条件づけです。条件づけさえしてあげれば、あなたの脳は「できる脳」になってしまうのです。だから、「ダイエットほど簡単なものはない」と、私はいつもいっているのです。

目指すのは何でもできちゃうご機嫌な脳

笑ってしまうくらい簡単に痩せられるか、涙がにじむほど苦労して努力してダイエットに失敗するか。

その大きな差は、脳がコントロールできているかどうかで決まってしまいます。「ヴィゴラス脳で痩せる法則」を実行しているか、「その他の状態（＝ドツボ脳）で痩せられない大原則」を実践してしまっているかの違いなのです。

スーパーブレイントレーニングを指導するとき、「ヴィゴラス脳＝できる脳」で取り組んでいるかどうかをチェックする質問があります。

この質問を使うと、その人の脳が「できる脳」でやっているか「ドツボ脳」でやっているかが簡単にチェックできてしまいます。

今回の質問は、ダイエット用に特別にアレンジしてあります。では、あなたの脳がダイエットに成功する「できる脳」になっているか、うまくいかない「ドツボ脳」になっているか、ちょっと調べてみましょう。

次ページの7つの質問について、自分の気持ちに正直に「YES」「NO」で答えてみてください。

7つの質問すべてに、「YES」と答えられた人は必ずダイエットに成功します。なぜなら、あなたの脳はすでに「ヴィゴラス脳＝できる脳」だからです。「できる脳」は何も目標を実現させてしまう〝ご機嫌な脳〟でもありますから、痩せる成功法則を自然と実行していくのです。

一方、この中のどれか1つでも「NO」と答えた方は、そのままではどんなダイエット法をやっても成功できません。おわかりでしょうが、「ドツボ脳で痩せられない大原則」をやってしまっているからです。

ダイエット成功のカギを握っているのは、あなたの脳の使い方です。あなたのイメージ、感情、思考を変えれば、ダイエットは自然と成功へと導かれます。この方法さえ知れば、

脳の状態チェック

・あなたにはダイエットの目標がありますか?

・ダイエットは必ず成功すると思いますか?

・目標のことがいつも頭にありますか?

・ダイエットに成功したら、
自分以外に喜んでくれる人が他にいますか?

・ダイエットを成功させるために、
何をしたらよいかをいつも考えていますか?

・ダイエットの目標達成に向けて、
何か行動していますか?

・ダイエットに一度も否定的に
なったことはないですか?

成功するしかないのです。

想像してみてください。ダイエットの天才たちと同じように、あなたがラクラクとダイエットに成功できた瞬間を……。

素晴らしいと思いませんか？　これからお話する「ダイエットに成功する法則」さえ知ってしまえば、あなたの脳は「ヴィゴラス脳＝自動的にダイエットが成功する脳」になります。

そうです、あなたも〝ダイエットの天才〟に生まれ変わるのです。

THE PERFECT MENTAL DIET

CHAPTER 2

ダイエット成功のカギは脳が握っている

痩せられないのは頭がいいから

ここまで「ダイエットは脳の使い方次第」「脳のコントロールがダイエットを成功させる」と何度も繰り返してきました。そして「自宅の電話番号を覚えていられれば、ダイエットはできる」「ヴィゴラス脳＝できる脳ならダイエットは簡単」ともいいました。

私は、あなたが自宅の電話番号を記憶していると固く信じています。そこで、次にあなたの自宅の電話番号を市外局番から記入してください。

自宅の電話番号

記入できましたか？　これで、あなたの脳が天才の脳であることが証明されました。ついでですから、もうひとつ確認しておきましょう。

初恋の人の名前

たくさんではなく1人にしてください。これも記入できましたか？　これで、あなたの脳が天才の脳であることは間違いない事実となりました。「あなたはダイエットできます」と、自信を持って断言できます。あなたも、自分の脳に自信を持って、つまりダイエットの成功に自信を持っていただいて大丈夫です。

では、「脳の使い方」とは、「脳のコントロール」とは、どんなものなのでしょうか？

答えはズバリ、イメージをコントロールすることです。

「いろいろ試しているのに、なぜか痩せられない」

「努力しているのに、なぜか結果が出ない」

「友達には効果があったダイエット法なのに、自分にはなぜか効果が出ない」

こう思うあなた、それはあなたのイメージが邪魔しているからなのです。

いい換えれば、あなたのイメージ力が優れているため、痩せたいのに痩せられないのです。とくにいろいろなダイエット法を試してはあきらめ、あきらめては再びアタックを繰り返している人は、抜群のイメージ力を持っている人です。

GOLDEN RULE OF BRAIN

ダイエットが成功しなかった人は、イメージ力が優れているために成功できなかった

女性の脳は、男性よりも優れています。より現実的なのです。口先の理屈ばかりいっている男性と比べれば、女性は〝今の自分〟がよくわかっています。現実的という意味では、男性の脳より、女性の脳はその能力に長けているわけです。

なぜ女性は現実的なのか？

女性は子どもを産むという大事業を成し遂げます。いくら出産願望があったとしても、男性は出産できません。そのために、女性はＤＮＡに「現実的でいきましょう」という情報が組み込まれているという説があります。

確かに、「世界でナンバー１になる」とか「世界制覇する」といったとてつもない夢があっても、いくら夢を描くことがうまくても、食べ物も衣類も住居もなければ生活してい

けません。現実的ということは、「生きていくために必要なことが本能的に正しいと感じられること」なのです。

GOLDEN RULE OF BRAIN

現実というものの正体は、今、脳が描いているイメージである

女性は、鏡に映った姿、顔などを毎日見ています。当然、脳は〝今のあなた〟のイメージをあなたの現実の姿、〝正しい自分の姿〟として無意識に記憶しています。

GOLDEN RULE OF BRAIN

脳は、「今の自分」が「正しい自分」と思っている
脳は、「ダイエットでキレイになった自分」を「正しくない自分」と思っている

「今の自分のイメージ＝正しい自分の姿」と、「新しい自分のイメージ＝正しくない自分の姿」のどちらを脳が信じるかといえば、「正しい自分の姿＝今の自分のイメージ」に決まっています。

新しいダイエット法を試すときというのは、「ダイエットしてキレイになって、新しい自分になろう！」と思っているものです。しかし、脳の「現状把握能力」が、すぐに「バカいってんじゃないわよ、今の自分を見てごらんなさい。それが正しい自分なのよ」と、あなたを「今の自分」に引き戻してしまうのです。

女性はイメージを変えるのも得意

しかしその一方で、女性は「新しい自分」「新しいイメージ」をつくる能力もまた優れているのです。「新しい自分」というと、大げさに聞こえるかもしれませんが、自分を変えるのはじつは簡単なことで、女性なら誰でも自分を変える方法をよく知っています。

たとえば美容院に行って髪型を変えたり、デパートの化粧品コーナーでメイクしてもらったりすれば、もうそれだけでイメージがガラリと変わります。土台は変わっていませんから、正確にいえば、〝その瞬間だけ〟変われた、キレイになれたような気がするということです。

・美容院へ行ったあなたは、「新しい自分」を知っている
・プロにヘアメイクをしてもらったあなたは、「新しい自分」を見ている
・おしゃれな洋服を着たあなたは、「新しい自分」を感じている

いろいろな場面で、あなたは「新しい自分」を知ったり、見たり、感じたりしているのです。その瞬間、あなたのイメージは簡単に変わっています。あなたの脳は、「自分は変われる」と感じ、「新しい自分」の情報をしっかり受け取っているのです。

痩身エステではイメージで痩せていく

痩身エステに行くことで、しっかり痩せる女性がいます。たしかに痩身エステなのだから、痩せるのは当たり前と思うかもしれませんが、じつはここにもイメージの力が関係しているのです。

- 「痩身エステだから痩せるのは当たり前」という思い込みが痩せさせる
- 「痩身エステに行けば痩せられる」という思い込みが痩せさせる
- 「高いお金をかければ痩せられる」という思い込みが痩せさせる

説明の必要もないでしょうが、思い込むのは脳です。脳が「ダイエットできる」「効果がある」とイメージするから、ダイエットできてしまうのです。

もちろん、痩身エステにはさまざまなダイエットのメソッドがあるでしょうから、そうした方法での物理的な作用もあるとは思いますが、それとは別に、通う側の意識も無視できないのです。

GOLDEN RULE OF BRAIN

痩身エステの秘密は、「痩せられる」と脳が無意識に思い込むことにある

家の中でダラダラしているより、痩身エステに通えばそれだけで気持ちが外側に向きます。目標を決め、その目標に向かって行動するわけですから、思い込みが強化されてダイエットに拍車がかかります。

また、痩身エステの雰囲気もあります。ああいうところはＣＭからして、痩せる雰囲気を上手に演出しています。

素晴らしいスタイルの女優さんが「このエステって素晴らしいのよ。私もこのエステに通ったのよ」といったような雰囲気で紹介していますから、「ここなら私も痩せられる」と脳は反応してしまうのです。

さらに、痩身エステのエステティシャンは、だいたいがスレンダーでキレイな女性です。キレイでスレンダーなエステティシャンを見ると、「やっぱり痩身エステは違う、私もこうなりたい」「ここなら、私もキレイになれる！」と、脳が無意識に思い込みます。

ダイエットはイメージ力で成功する

もうおわかりでしょう。ダイエットにはイメージの力が重要なのです。ダイエットして美しくなった自分を強くイメージすることが大事なのです。

そして、私たちが開発したスーパーブレイントレーニングに基づいた「スーパーブレインダイエット」とは、自分の美しいボディイメージをいかにつくっていくか、その実践論なのです。

ただし、現在70キロもあるのに、50キロの自分をイメージしようとすると難しいものです。今の自分のイメージが強すぎて、50キロの自分を思いたくても思えないものです。しかし、50キロの女性が45キロになろうとしたら、これはもうあっという間です。

なぜなら、「50キロの今の自分のイメージ」から、「45キロになった新しい自分の姿」は比較的簡単に想像できるからです。

今の自分のイメージが、新しい自分のイメージを邪魔することがないので、「5キロ痩せたらこんな感じかな。ウエストがもうちょっとキュッとくびれて、足もスリムになるかしら……」と、どんどん楽しくイマジネーションがわいてくるからです。

GOLDEN RULE OF BRAIN

脳が「ダイエットでキレイになった自分」を「正しい自分の姿」とイメージできれば、イヤでもイメージに現実が近づいていく

イメージすることでもカロリーは消費できる

余談になりますが、人間の脳の重さは身体全体のわずか２％程度です。それにもかかわらず、消費するカロリーは全体のほぼ20％を占めるといわれています。

運動をすればダイエットに効果があるのは間違いないことですが、イメージトレーニングで脳を使ってあげれば、カロリーの消費はぐんと上がるはずです。

GOLDEN RULE OF BRAIN

イメージをうまく使うだけで、脳は大量のカロリーを消費する

現に、テレビに出る将棋や囲碁の高段者に、まるまると太った人をほとんど見かけません。人間の脳は、10万台以上のコンピュータに匹敵するスーパーコンピュータです。

プロの将棋や囲碁の対局では、このスーパーコンピュータをフル稼動させて何十手も先を読む思考力が要求されます。高段者クラスになると、浮かぶイメージのままに局面を進めることもあると聞きます。このイメージは過去の対局の集大成で、決していい加減なイメージではありません。

もちろん、彼らも日頃の運動や食事管理などでしっかりした身体づくりをしているかもしれません。

しかし、スーパーコンピュータを何時間も集中してフル回転させ、それによって消費するカロリーは、並大抵のものではないはずです。ですからじっと座っていたとしても、競技中のマラソンランナーと同じように、膨大なカロリーを燃やしていると考えられます。

私たちも読書や考えごとをして脳を使ったあと、甘いものが欲しくなったりします。脳のエネルギー源はブドウ糖だけですから、糖質をとってカロリーをすぐに補給しようとするためです。

脳を使うとこれほど大きなカロリーを消費するわけですから、脳を使ってあげるだけでダイエットができてしまうかもしれません。

脳はたった3層の簡単な構造でできている

ここでちょっと脳の仕組みをお話ししておきましょう。脳の仕組みといっても話は簡単です。まず人間の脳の構造は、3層構造になっています。

次ページの図のように、内側から「脳幹（反射脳）」「大脳辺縁系（感情脳）」「大脳新皮質（理屈脳）」という順に重なっているのです。

不思議なことに、この3つの層は、生命の誕生から今日の私たちまでの進化の道筋に沿っています。

一番奥にある「脳幹（反射脳）」は、生命が生まれた太古の海を魚類として泳ぎ回っていた頃に発達しました。さまざまな刺激に反応し、環境の変化に上手に適応していく脳です。生命の維持に不可欠な自律神経やホルモン系をコントロールすることで、呼吸や循環、消化、体温調節、睡眠、生殖といった生存のための活動を巧みに操っています。いわば「生命の脳」です。

脳の構造

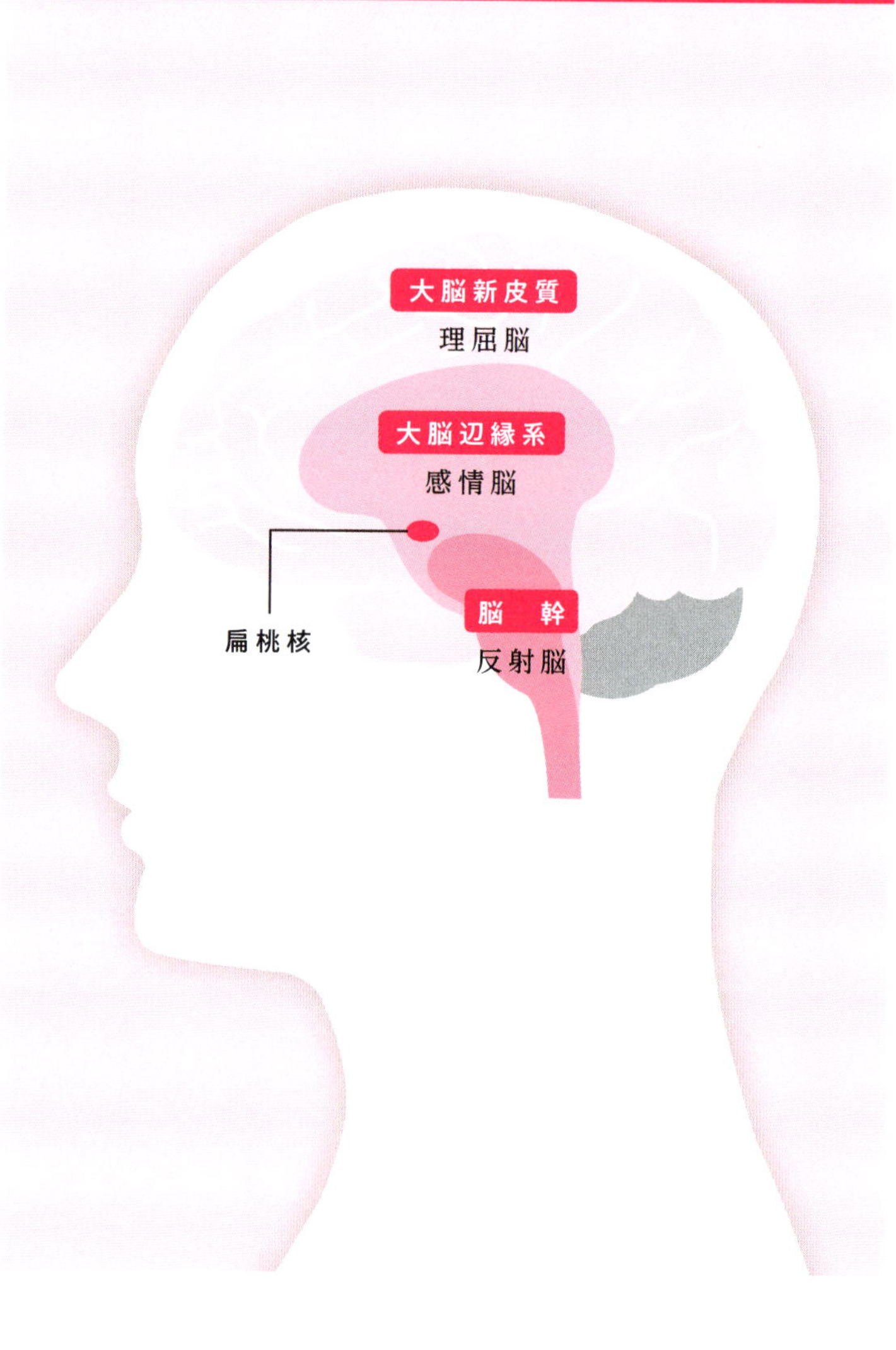

そして、生物は進化して爬虫類の仲間になり、海から陸に上がります。陸上での活動が増えると、生きるための弱肉強食や異性をめぐる競争が激化し、脳にも新しい変化が起きてきます。食欲や性欲といった本能、怒りや不安、好き・嫌いなどの感情を発生させる「大脳辺縁系（感情脳）」の発達です。2層目にあたる感情脳の発達は、脳幹を圧倒するほど大きくなりました。

さらに哺乳類になると、知覚や運動、情報交換などの能力が発達し、それまでの2つの脳を包み込むように、新しい脳が発達してきます。その新しい脳が、「大脳新皮質（理屈脳）」です。

- 脳幹は、呼吸や循環など生存のための「反射脳」である
- 大脳辺縁系は、本能や感情を発生させる「感情脳」である
- 大脳新皮質は、思考力や創造力をつかさどる「理屈脳」である

人間の場合、大脳新皮質が異常に大きくなりすぎた結果、赤ん坊は脳が未発達のまま生まれるようになったと考えられています。他の動物のように胎内で十分に成長してしまう

と、大きな頭が産道に引っかかって出られないからです。

いってみれば、私たちはみな一種の未熟児状態で生まれたわけです。そのため、他の動物は生まれてすぐ歩き出すのに、人間の赤ん坊は1年近くも立ち上がることができません。

少年期を比較しても、人間の脳は、人間に一番近い霊長類のチンパンジーの2倍もあるそうです。そこに、人間だけが〝感謝〟という感情を持つようになった理由があるともいわれています。

イメージ力は途方もない夢も実現してしまう

大脳新皮質は、動物としての存在を危うくするほど巨大化しましたが、この部分の発達のおかげで、人類は思考力や判断力、創造力などの人間的な能力を与えられることになりました。

今やすっかり浸透している「右脳の感覚型人間」とか「左脳の分析型人間」というのは、この大脳新皮質の右と左の部分です。

大脳新皮質（理屈脳）の右側が右脳で、左側が左脳です。右脳は主にイメージ、カン、ひらめき、感覚的なことを担当し、総合的な判断なども行っています。

一方の左脳は、主に言葉や計算といった論理や分析に関する役割を担当しています。私たちの日常では、人と会話したり、筋道を立てて物事を考えたりといったことがたくさんあります。そのため、論理的な考え方や分析的な考え方を主に行っている左脳が重要だと思われがちです。

しかし、人類がこれほどまでに発達できたのは、じつは右脳のイメージ力のおかげなのです。

たとえば電球です。まだ電球のなかった時代、発明王エジソンに世の中を明るくしたいというイメージがあったからこそ、電球ができ、夜でも不自由なく過ごせるようになりました。大空を自由に飛べるようになるイメージがライト兄弟にあったから、時速数百キロで飛ぶ現在の鉄の塊（飛行機）が誕生しています。

私たち人間の夢や目標の数々は、先人たちがその目標に到達したイメージを強く持ち、心に思い描き続けてきたからこそ成し遂げられたのです。彼らが成し遂

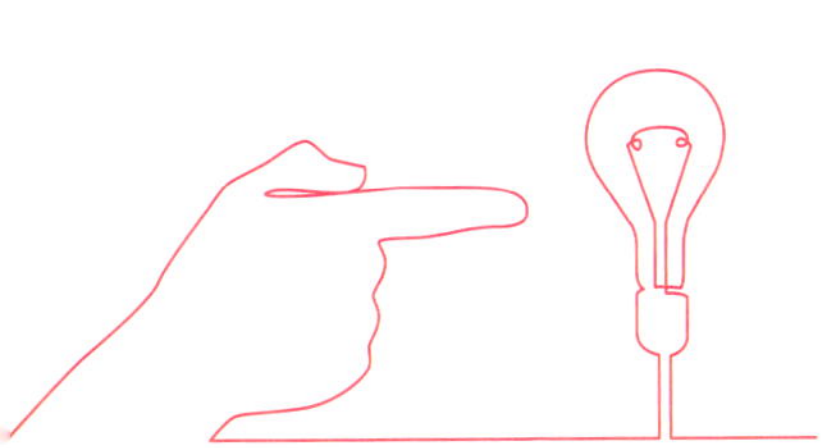

げたことは、普通では考えられないほどの大きな夢、目標でした。そんな途方もない夢や目標でも、イメージ力のおかげで達成してしまうのです。

小手先のプラス思考は意味がない

ところで右脳のイメージ力が大事、イメージトレーニングが夢や願望をかなえてくれるといっても、よいことだけをただ思い描けばいいというものでもありません。ダイエットでも、「ダイエットできた自分」のイメージを描くことが非常に大事になってきますが、イメージだけでダイエットできてしまうわけではないのです。

世の右脳教育で、過ちを犯しがちなポイントが、右脳のイメージさえ使えばいいと考えてしまうことです。右脳のイメージがすべてで、右脳のイメージはどんな願望もかなえてくれる魔法の杖、魔法のランプのように考えてしまうのです。

イメージをするにしても、「面倒だけどやらなきゃ」「こんなのが本当に効果があるのか」などとマイナスの感情を抱きながらイメージしたのでは意味がありません。〝好きで、楽しく〟ダイエットに取り組める状態になってこそ、イメージの力が発揮されるのです。

正しいイメージトレーニングで本物のプラス思考になるには、「好き」とか「楽しい」といったプラスの感情が必要不可欠なのです。

スーパーブレイントレーニングで、多くの方々が夢や目標を達成している秘密は、大脳新皮質（理屈脳）だけをトレーニングするのではなく、心につながっている3層の脳、つまり大脳新皮質（理屈脳）、大脳辺縁系（感情脳）、それに脳幹（反射脳）のすべてを連動させて〝心を変えて〟しまうところにあります。

心が変われば、どんな物事でも「楽しい」「好きだ」とドキドキワクワクできます。ドキドキワクワク状態になれば、やる気のドーパミンもどんどん分泌されます。「ドキドキワクワク・ドーパミン」というわけです。

これが本当の「プラス思考」です。この状態は、頭のプラス思考でなく、身体全体のプラス思考といってもいいでしょう。

ドキドキワクワク状態（＝プラス思考）で物事に取り組めれば、ストレスがないうえ、やる気も持続力も驚くほどつきます。だから物事がうまくいくし、ちょっと遠いと思われる目標もラクラク達成できてしまうのです。

GOLDEN RULE OF BRAIN

私たちの心とつながっているのは脳であり、心の変化とは脳の変化である

プラス思考の重要性は昔からいわれてきました。同じ困難に出会っても、「ダメかもしれない」とマイナスにとればその通りダメになりますし、「自分にはできる!」とプラスにとればできてしまうものです。今さらいわれなくても、こんなことは体験的に誰でも知っています。

プラス思考の考え方として、よくこんな例が挙げられます。

命の危険にさらされていて、飲み水がコップ半分になったとします。このとき「もう半分しかない」と考えるのがマイナス思考で、「まだ半分もある」と考えるのがプラス思考だといいます。仕事で書類の作成を頼まれているとすると、「依頼の期日までもう半月しかない」と考えるか、「まだ半月もある」と考えるかということです。

この例を聞くと、「なるほど」と納得する人も少なくありません。だから、プラス思考の代表例としてよく紹介されるのですが、じつはこれはプラス思考になったつもりのマイナス思考なのです。

なぜなら、「まだ半分もある」と思おうとすればするほど、「もう半分しかない」という強いマイナス思考が潜んでいるということだからです。

あなたの脳は、非常に高性能のスーパーコンピュータです。「プラスに思わなければ！」「プラスに考えなければ！」といった小手先だけのプラス思考では、心の底からのプラス思考になれません。「今の自分」のイメージが強すぎて、「ダイエットした新しい自分」になるのが邪魔されているケースとまったく同じです。

ドキドキワクワク状態をトレーニングする

プラス思考の重要性は誰でもわかっていることですが、スポーツ、ビジネス、受験など、さまざまな分野で成功している人たちは、いちいち「プラス思考で考えなければ」と力んでいないものです。

「まだ半分もあると思おう」とか「期日までまだ半月もあると思おう」「この取り引きは成功すると考えよう」などとやっている人はいません。

彼らに共通する点は、次のようなものです。

・手がけていることが大好きで、楽しい
・やっている今が大好きで、楽しい
・取り組んでいる自分が大好きで、楽しい
・夢の実現が楽しくて、夢を実現する自分が大好き

脳の状態でいうと、脳がドキドキワクワクしているヴィゴラス状態です。やっていること、取り組んでいる自分、夢や希望が実現した瞬間に、ドキドキワクワクしているのです。このとき、〝やる気ホルモン〟のドーパミンが大量に分泌されています。

人類がこれまでに、文化を築いたり、発明・発見をしたり、あらゆる時代に対応できたのは、このやる気ホルモンのドーパミンのおかげです。このドーパミンが優勢になり、ワクワク状態で取り組むことができれば、多少のことがあってもへこたれないし、それを苦しいとも感じないのです。その結果が、夢の実現、目標達成へとつながるのです。

ダイエットもこれとまったく同じです。

・ダイエットにドキドキワクワクできれば、ダイエットは成功する
・ダイエットが楽しくなれば、ダイエットは成功する
・ダイエットが好きになれば、ダイエットは成功する
・ダイエットしている自分が楽しくなれば、ダイエットは成功する
・ダイエットしている自分が好きになれば、ダイエットは成功する

この状態でダイエットに失敗するはずがありません。イメージトレーニングは、こうしたドキドキワクワク状態をつくる大きな効果を発揮するのです。

感情のエネルギーにできないことはない

恋をすれば、恋人に会いたいという感情がわき上がります。どんなに仕事が忙しくても、どれほど遠距離でも、「大好きなあの人に会いたい」という強い感情に揺れ動きます。

相手のことを思い出すと胸キュンになり、最終の新幹線に飛び乗ったり、「5分でも10分でもいいから」と会いに行ったりしてしまうのです。

好きな芸能人の舞台やミュージシャンのライブに行ったことがある人はわかると思いますが、一度見に行ってすごく楽しくて感動してしまうと、また行きたくて仕方がなくなるものです。もう一度行けば、病みつきになります。

GOLDEN RULE OF BRAIN

一度、脳が快感や喜びを味わうと、その快感や喜びをまた味わおうとして人は接近行動を起こす

逆に、不快感や怒り、恐れ、悲しみを与えるものには、攻撃または逃避行動を起こします。「イヤなものはイヤだ！」と脳が拒絶するのです。

私たちの好き・嫌いや快・不快のような感情のエネルギーは、非常に大きいものです。

私たちが意識しているとき、私たちは正しいことをしようとします。しかし、本能的な行動に関係する感情のエネルギーを抑えつけようとしても、そう簡単にはいきません。

たとえば、お酒やタバコです。禁酒や禁煙を決意すると、意識しているときは「お酒・

タバコ→健康によくない→やめよう」となっていますから我慢できます。

しかし、心の中に生じた満たされないストレスがふくれ上がり、それがリバウンドとなってあらわれたとき、タバコに火をつけていたり、グラスを飲み干していたりします。

さらには、ギャンブルやドラッグ依存症になって、人生を破綻させる人がいます。

「やめなければいけない、やってはいけない」ということはわかっているのですが、やめられるのは意識しているほんのわずかな間だけです。感情のエネルギーが強いため、「快」を求めて「ギャンブル→快」「ドラッグ→快」となってまた手を伸ばしてしまうのです。

この感情をコントロールしない限り、「やめなければ」「やってはいけない」と意識で考えれば考えるほど、ストレスになってため込んでいくのです。ため込まれたこのストレスは感情のエネルギーを抑え込み、いずれ暴発します。「ダイエットしなければ！」「痩せなければ！」と無理して感情を抑えてダイエットすると、リバウンドを起こします。これも、まったく同じメカニズムです。

だからこそ、ダイエットは楽しく、ウキウキして取り組めるものでなければならないのです。あなたの脳が「ダイエット→快」と認識することが必要になります。

ダイエットを本能に変える

スーパーブレイントレーニングは、イメージと感情をコントロールします。それがつまり、脳のコントロールということです。

だから、このトレーニングを行うと、誰もが別人のように、目標に対して意欲的になります。トレーニングで描くイメージが単なる空想ではなく、プラスのイメージにプラスの感情を加えていくからです。

プラスの感情をともなうと、プラスのイメージはより強くなります。感情は、意識とは違う本能的な行動に関係しているうえ、そのエネルギーものすごく強いものです。だから、本能的に意欲的になり、別人のように積極的になるのは当然といえば当然なのです。

逆に、否定的なイメージと否定的な感情を持ってしまったらどうでしょう？　そして、それを繰り返してしまったときはどうなるでしょう？

たとえば病気になったり、ケガをしたりすれば、すごく不安に駆られます。それが命にかかわるものであったりすれば、表現できない恐怖にさいなまれます。否定的な感情をともなう否定的なイメージに繰り返し襲われるわけです。

GOLDEN RULE OF BRAIN

否定的な感情をともなった否定的なイメージは、脳に強くインプットされてマイナスの回路をつくる

こうなると、もともと元気で積極的だった人でも、本能の部分で消極的で後ろ向きな人になってしまいます。そう、別人になってしまうのです。

もしダイエットに対して、「つらい」「イヤだ」という否定的な感情をともなう否定的イメージを持っていると、それがあなたの本能的な行動になってしまうのです。土台のイメージが崩れてしまうのですから、ダイエットが成功することは絶対にありません（次ページ図）。

ある球技の実業団チームの指導をしていたときに、選手たちに特別なイメージをさせたことがありました。

イメージの内容は選手のプライバシーにかかわる内容ですので紹介できませんが、なん

メンタル・コンディショニング・ピラミッド

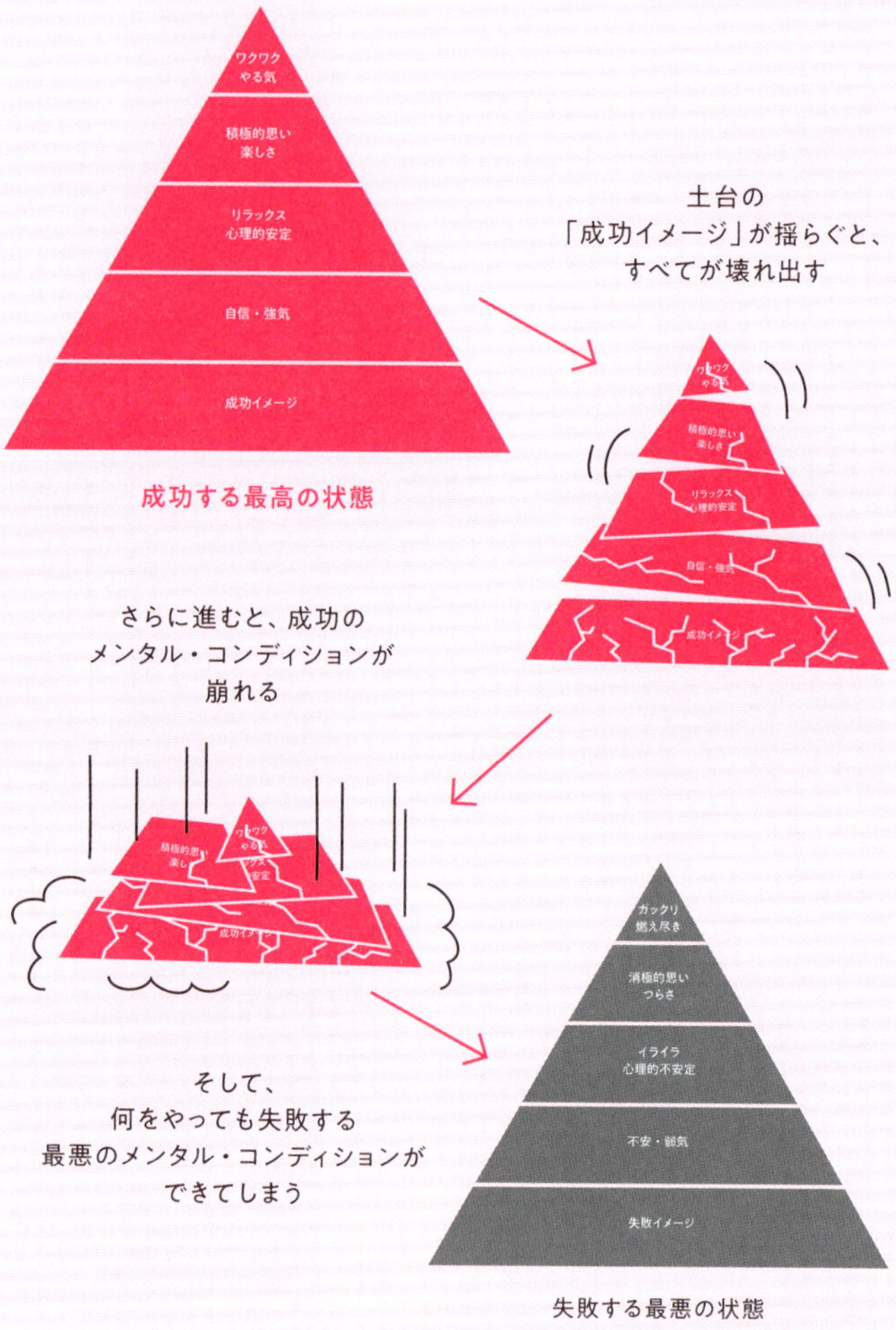

と全員が泣き出してしまいました。人目をはばからず涙を流し、大声を上げて号泣してしまったのです。

選手たちは屈指のアスリートですから、一般の人より何倍も強いイメージ力を持っています。試合前に、自分たちが戦っているイメージをさせると強烈です。イメージが深まってくればくるほど、全身に力がみなぎってきます。手には汗をかき、身体がぶるぶる震え出します。見ているこちらのほうが驚いてしまうほどです。

このように、正しいイメージトレーニングをすると、感情まで見事にコントロールされます。

イメージと感情がぴたりとハマると、脳の中ではそのイメージとまったく同じ状態がつくられます。イメージしたことなのか、現実なのか区別がつかないのです。

イメージと感情がぴたりとハマった試合がイメージできれば、身体は動かしていなくても、脳は本能的に激しい試合をしている状態になっていきます。だから、実業団の選手たちはみな、特別なイメージから泣き出してしまったのです。ダイエットでも、まったく同じです。

GOLDEN RULE
OF BRAIN

プラスの感情とプラスのイメージがハマれば、ダイエットが本能的な行動になる

たとえ今は理想のプロポーションでなくても、感情とイメージを利用するスーパーブレインダイエットを繰り返せば、ダイエットが本能的な行動になります。

ダイエットが本能的な行動になったあなたは、ダイエットが楽しくて仕方がない別人のあなたに変わります。

こうなれば、ダイエットで「新しい自分」に変わることなど別に難しいことではなくなり、誰でもラクラク達成できてしまいます。「今の自分」のイメージが「新しい自分」に変わるのを邪魔していた人でも、簡単に「ダイエットでキレイになった自分」に変われてしまうのです。

脳の小さなアーモンドがすべてを決める

「ダイエットできてしまう自分」になるためには、プラスのイメージだけでなく、感情が大切だということがおわかりいただけたでしょう。

とくに、「好き」とか「楽しい」といったプラスの感情のコントロールが重要となってきます。

しかし、「感情」などというものが果たしてコントロールできるのかと、疑問に思う方もいらっしゃるのではないでしょうか？

喜怒哀楽のような感情は、脳の2層目にある大脳辺縁系（感情脳）で決定されます。五感（視覚、聴覚、嗅覚、触覚、味覚）から伝達された情報に対し、大脳辺縁系に起こる変化が感情というものです。

感情のキーポイントは、大脳辺縁系の中にある「扁桃核」という直径1・5センチほどの小さな組織が握っています（58ページ図）。

「扁桃」とはアーモンドの別称で、形がアーモンドに似ていることからこの名前がついています。

動物の扁桃核に刺激を与えると、訳もなく怒りの反応が起こります。またサルの扁桃核を破壊すると凶暴性が消え、おとなしくなることが昔から知られていました。

そうしたことから、この小さな組織は、怒りや恐れ、不安と関係すると考えられていました。

そしてさらに研究が進み、扁桃核はもっと広い意味での感情、とくに「好き・嫌い」や「快・不快」の源と見なされるようになっています。

温泉に入ると、ほとんどの人がリラックスし、「幸せだなあ」と感じます。この幸せ感は「見る、聞く、嗅ぐ、触る、味わう」といった五感だけで感じているのではなく、間違いなくそれが伝達されて3層目の大脳新皮質が感じているのです。

温泉につかったときの幸せ感は、温泉に入ったときのいろいろな情報が扁桃核に集められることから発生します。

集められた情報を扁桃核が「快」と見なしたとき、2層目の大脳辺縁系にプラス感情が発生し、3層目の大脳新皮質で「幸せ」という言葉に翻訳されます。

さらに、この情報は1層目の脳幹にも間髪を入れずに伝わり、リラックス状態がつくられるのです。

GOLDEN RULE OF BRAIN

「好き・嫌い」で行動は大きく違ってくる その違いは、扁桃核が「快」と見なすか、「不快」と見なすかにかかっている

脳をスーパーコンピュータとすれば、扁桃核は脳全体の活動に関係する超スーパーチップのようなものといえるわけです。

では、どうしてこんなにも小さな神経組織が、ここまで脳に深く関係しているのでしょうか？

その理由は、扁桃核が受け持っている仕事にあります。

私たち人間は、危険から自分の身を守り、安全に生存するために、「快・不快」や「好き・嫌い」を判断します。「快・好き」であれば安全ですし、「不快・嫌い」であれば危険につながります。扁桃核の最大の仕事が、この「快・不快」や「好き・嫌い」を判断することにあるからです。

つまり、ダイエットの成否は、扁桃核が「ダイエット→快」と感じるか、「ダイエット→不快」と感じるかで決まるのです。

脳の大部分に理屈は通じない

私たちの大脳新皮質は非常にというか、異常といえるほど発達しました。そのおかげで高度の文明を享受して生活できているわけですが、大脳新皮質を高く評価するあまり、私たちは行動の根本的なところを忘れがちになってしまいました。

じつは意識的に考えたり、判断したり、感じたりといった私たちの意識活動の領域は、脳全体の5〜10％しかないのです。

それ以外のほとんどの行動を決めているのは、「快・不快」や「好き・嫌い」を決める扁桃核のある大脳辺縁系と脳幹を合わせた「ＩＲＡ（Instinct Reflex Area＝本能反射領域）」なのです。

ＩＲＡは、私たちの意志とは関係なしに本能的に行動を決定します。

たとえば、熱いヤカンに触れれば、誰でも思わず「熱いっ！」といって手を引っ込めるでしょう。

この動作は、「熱いヤカン→危ない→筋肉の収縮命令→筋肉の収縮→手を引っ込めろ」といったように、理屈脳でゆっくり時間をかけて考えてから出たものではありません。本能的に危険を察知し、「熱い→手を引っ込める」といったふうに、ＩＲＡによって反射的に出た行動です。

「火事場の馬鹿力」とよくいいます。火事が起きたとき、かぼそい女性が重いタンスを担ぎ出したり、誰かが車の下敷きになって助けようとするとき、あの重い車が持ち上がったりします。

また、マンションのベランダから落ちてくる子どもを目撃した母親は、大事な子どもを受け止めようと、１００メートルの世界記録を破るほどのものすごいスピードでダッシュします。

普段の様子からは想像もできないスーパーパワーの秘密が、このＩＲＡなのです。「大事なタンス！」とか、「ここで車が動かないと助けられない！」「子どもを助けないと！」という本能的なものがＩＲＡに働き、とんでもない力が出るのです。

ケンカになって頭に血が上ったときも、その後の行動はＩＲＡが決めます。理性で「ここは我慢しないと」と思っても、「不快」を感じてしまったＩＲＡのブレーキが利かなくなって暴れてしまうのです。

GOLDEN RULE OF BRAIN

誰でも、ＩＲＡが白紙状態で生まれてくる

ＩＲＡに記憶されているデータというのは、私たちが生まれてから今までの生活で獲得してきた経験や体験、楽しかったこと、苦しかったことなどの行動に関係するすべての情報です。

火を見ると熱く感じ、雪景色を見ると寒く感じます。ケーキを見ると思わず「甘そう」と思いますし、注射器を見ると「痛そう」と思います。

こうしたものは、すべてそれまでにＩＲＡに記憶されてきたデータに基づいて起こる感情です。

ここであなたにひとつ問題を出します。次ページの質問を読んで、その答えを考えてみてください。

問題

日本に精通している
ジャック

日本のことを知らない
フランク

ここに2人のアメリカ人がいます。
この2人のうちの1人が、
食事に出た梅干しを食べました。
さて、梅干しを食べたのは
どちらでしょう?

答

日本に精通しているジャックが食べたという答えは、間違いです。正解は、日本を知らないフランクです。

ジャックのＩＲＡには「梅干→酸っぱい→不快」という情報がインプットされており、フランクのＩＲＡにはその情報がないからです。

しかし、梅干を一度味わった次の日から、梅干を見た瞬間にフランクの顔は酸っぱくなり、「ＮＯ」というでしょう。

GOLDEN RULE OF BRAIN

私たちが「こう」と思い込んでいるものすべては、ＩＲＡに記憶されたデータによって判断されている

たとえば今、あなたの前にレモン汁の入ったコップが置いてあるとします。そう聞いただけで口の中には酸っぱいものがあふれてきたでしょうが、一気に飲み干したところをイメージしてください。

もう唾液が口いっぱいに広がったことでしょう。これは「レモン汁→酸っぱい」とＩＲＡにインプットされているために、実際に飲まなくても脳が反応し、微妙に身体に変化を及ぼして唾液を分泌してしまうからです。

私たちのＩＲＡには、「火↓熱い」「レモン汁↓酸っぱい」「梅干↓酸っぱい」「刃物↓危ない」といったように、いろいろなデータが強くインプットされています。

そのデータによって身体が勝手に反応してしまうのですから、理屈ではどうしようもありません。

危険な男でも脳が好きなら止められない

人によって、ＩＲＡにインプットされている情報は違います。だから、好きなものも違えば、嫌いなものも違います。

多くの女性はチョコレートが大好きでしょうが、私は好きではありません。原因を探ってみたことがあるのですが、子どもの頃の経験に行き当たりました。学校で、チョコレート好きな子どものすごい虫歯写真を見せられたのです。

そのとき、私のＩＲＡには「チョコレート↓歯が溶ける↓ひどい虫歯になる」と、鋭くインプットされてしまったのです。

それがトラウマになっているのか、今でもチョコレートを見ただけで虫歯がなくても、虫歯で歯がしみるような刺激を感じる気がします。本当に歯が溶け出してしまうような感覚を覚えるのです。子どもの頃などは、せっかくバレンタインデーにチョコレートをもらっても、心中は複雑でした。

ＩＲＡの記憶データによって、「チョコレート↓快↓食べたい」となるのか、「チョコレート↓不快↓食べたくない」となるのかまったく違います。

「堅実で、やさしい男性が好き」といっていた女性が、周りの誰が見ても「あの人は危ない。やめたほうがいい」と思えるような男性と燃え上がってしまうことがあります。忠告すると、「わかっているけど、なぜか惹かれてどうしようもないの」といいます。

これも理屈ではありません。もしあなたがそうなら、あなたの〝小さなアーモンド〟が過去に危険な男性を好きになって楽しい思いをし、ＩＲＡに「危険な男↓快」とインプットされているのです。これは本能のようなものですから、理屈でその気持ちを抑えることはできません。

ケーキやチョコレートのような甘いお菓子が好きな人なら、「甘いお菓子↓快」とＩＲ

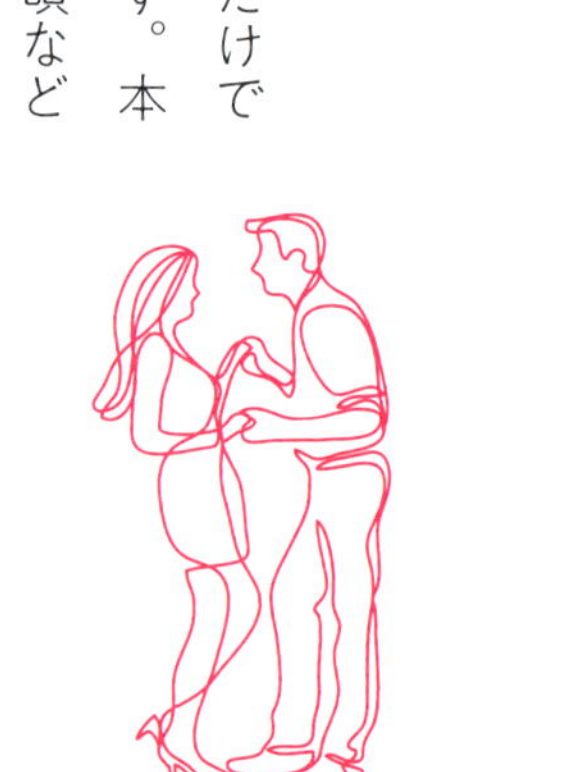

Aにインプットされています。

ですから、ダイエット中は食べてはいけないとわかっていても、甘いものを見た瞬間、「甘いお菓子→快→食べたい」とIRAが反応し、気がついたら食べているということになってしまうのです。

ダイエットに限ったことではありません。IRAのコントロールは、勉強や仕事、恋愛など、すべての行動に及びます。だから、「IRAの法則」とか「IRAの原理」と呼んだほうが適切かもしれません。

・勉強が嫌いな子どもの成績は、絶対に上がらない
・仕事がストレスになっているビジネスマンやOLは、いい仕事ができない
・トレーニングが楽しくないスポーツ選手は、一流選手になれない
・恋愛を苦手と思う人は、理想の結婚相手とめぐり会えない

すべて、IRAが「不快」と感じていることに原因があります。意識では「やらなければ」と思っていても、IRAは「やりたくない」とそそのかします。自分の意思とは裏腹

に、IRAの否定的な記憶データによって否定的な行動が勝手に決まってしまうのですから、よい結果が出るはずがないのです。

脳の記憶データは書き換えられる

もしこのIRAに、これまでのダイエット経験から「ダイエット↓不快」と記憶されていたらどうでしょう？

もうおわかりでしょうが、こういう人は「ダイエットしたい。ダイエットしてキレイになりたい」といくら思っても、やはりダイエットに失敗します。理屈で引っ張っていこうとしても、IRAは理屈に抵抗するからです。そして、「やっぱりダメだった。このダイエット法は効果がない」と納得するのです。

GOLDEN RULE OF BRAIN

理屈で説得しようとしても、IRAが受けつけないものは絶対に説得できない

イヤなものはイヤなのです。ダイエットできる人とできない人の差は、このＩＲＡの記憶データの違いにあります。いくら素晴らしい方法でも、これではダイエットがうまくいくはずがないのです。

「では、一度ダイエットが嫌いになった私のＩＲＡはもう変えられないの？　変えられなければ、永遠にダイエットに成功できないの？」

これはもっともな疑問です。しかし、ＩＲＡは変えられます。正確にいえば、ＩＲＡの記憶データは簡単に切り換えられるのです。

ご存知の方も多いと思いますが、「パブロフの犬」といわれる有名な実験があります。これは、ロシアの生理学者であるイワン・パブロフが、犬にベルを鳴らしてからエサを与えることを繰り返したところ、その結果として、犬はベルを鳴らしただけで唾液を出すように変わったというものです。

じつは、これは単純な条件反射の実験なのですが、脳から見ると、ＩＲＡの記憶データに新しい条件づけ記憶を繰り返していることになっているのです。

このように、「ベルの音→振り返る」という反応の後に、エサを与える行為を反復して脳にインプットしていくと、「ベルの音→振り返る→エサ（脳が快）→唾液を出す」ということが繰り返され、最終的に「ベルの音（脳が快）→唾液を出す」という反応に変わるのです。

こうして何でもなかったベルの音が、ＩＲＡで「ベルの音＝脳が快」として塗り替えられていくのです。

GOLDEN RULE OF BRAIN

ＩＲＡが受けつけてしまえば、現実がそうなってしまう

もともと私たちの能力には、ほとんど差などありません。ＩＲＡが白紙の状態で生まれてくるわけですから、最初は私たちに「好き・嫌い」もなければ、「得意・苦手」もないのです。

しかし、年月によって、ＩＲＡにデータが蓄積されていきます。そのとき、どんなデータが蓄積されたかによって、目標を決めてラクラク達成できるか、いくら頑張って努力しても目標が達成できずにバーンアウト（燃え尽き症候群）を起こしてしまうかという大きな違いになってしまうのです。

私たちの理屈脳は、犬の理屈脳よりははるかに複雑です。それだけ理屈脳がＩＲＡの書き

換えに抵抗しますが、IRAは十分に書き換え可能です。つまり、行動を変えることは誰にでもできるということなのです。

とにかくプラスを繰り返すことが大事

私たちが指導するスーパーブレイントレーニングで成功してしまう理由も、スーパーブレインダイエットでダイエットできてしまう理由も、犬の脳が快に反応するように塗り替えられたのと同じで、トレーニングでIRAが「快の脳＝できる脳」に切り換わるからなのです。

記憶データを変換してIRAを切り換えるためには、イメージが効果的です。

記憶というと、一般的に言葉で覚えているように考えがちですが、これは違います。勉強のように意識して学習する以外に、無意識のうちに学習し、記憶していることが山ほどあります。

IRAは、仕事も勉強も、ダイエットも区別しません。ある情報を繰り返しとらえることで、ＩＲＡは自分にとって「よいデータ」であろうと「悪いデータ」であろうと「よい・悪い」に関係なく、無意識のうちに記憶してしまいます。そして、この無意識の記憶は強烈なのです。

たとえば、何年も通っている会社や学校などへの道のりは、覚えようとしているわけではないのに覚えています。また、誰にでも、テレビのＣＭの曲を無意識に口ずさんでしまった経験があると思います。

道順でいえば、「駅を出て、３つ目の信号を右に、２つ目の角のコンビニを左折」といったように道順を言葉で記憶し、毎回地図を見て意識しているわけではありません。また、流れてくるＣＭ曲を、意識的に覚えようとしたわけでもありません。

あなたが忘年会や何かで、意識が朦朧となるほど泥酔しても、痛い頭で目覚めると自宅だったという経験はありませんか？

あるいは、あなたのお父さんがロレツも回らないほど泥酔して帰ってきたとき、「こんなに酔っているのに、よく家を忘れないものだ」と感心した（あきれた？）ことはありませんか？

ダイエット中の人なら、大好きな甘いものを目の前にして、「食べようか、やめようか」

とハムレット状態になった経験があると思います。

「ダイエット中だけど、少しくらいはいいだろう」という〝甘え〟や、「もう痩せなくてもいいから食べてしまえ」という〝あきらめ〟を何度も繰り返していれば、情報はそのままＩＲＡに蓄積され、習慣になるわけです。つまり、甘えやあきらめがあなたの行動の「常識」になるのです。

GOLDEN RULE OF BRAIN

甘えがち・あきらめがちの人は、繰り返した甘えやあきらめが習慣になっている

いくら理屈脳で「ダイエットしたほうがいい」と叫んでも、いくら努力しても、ＩＲＡを変えない限り、すぐにマイナス思考にＵターンしてダイエットのマイナス行動をとってしまいます。

これでダイエットに成功すれば、それこそ奇跡です。

ダイエットに成功するためには、無意識に起こる「ダイエット↓つらい」「ダイエット↓イヤだ」というマイナス感情をコントロールする必要があります。

スーパーブレインダイエットでは、イメージの力を使って感情を無意識にコントロール

IRAの違いによる結果

して、ＩＲＡの記憶データを「ダイエット↓快」という肯定的なデータに書き換えてしまいます。

ＩＲＡにダイエットの肯定的なデータがインプットされ、それまでの「ダイエット↓不快」という情報が「ダイエット↓快」に書き換わると、ダイエットは無意識的に肯定的なものになります。

言葉を換えると「ダイエットがよい本能」になり、ラクラクとダイエットに成功してしまう「ダイエット脳」になるのです。

THE PERFECT MENTAL DIET

CHAPTER 3

脳を変えて ラクラク 痩せられる 自分になる

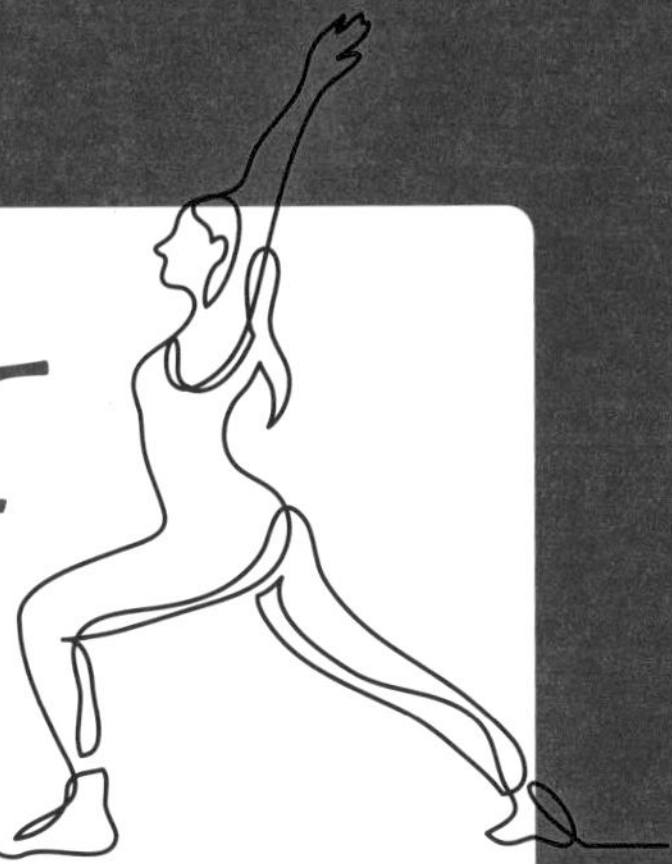

ダイエットの成功の扉を開ける

ダイエットの成功には〝脳コン〟、つまり脳のコントロールが大事だということはわかっていただけたはずです。脳のコントロール法さえわかってしまえば、笑ってしまうくらい簡単にダイエットができてしまうのです。

では、実際にどうやってダイエットのイメージをつくっていけばいいのか。これからそれを話しましょう。

ダイエットを成功させるには、必要となるいくつかの能力の扉というものがあります。どの扉が欠けていてもダメで、ダイエット成功のためにその能力の扉を1つ1つ開放していきます。

今までの失敗は、ただあなたの扉が閉じていただけなのです。その扉をこれから開いていきましょう。

これさえできれば、あなたの脳はイヤでも「機嫌のいい脳＝ダイエットにラクラク成功する脳（ダイエット脳）」になってしまいます。スーパーブレインダイエットは、このダイエット脳をつくるトレーニングなのです。

まず「ダイエットにラクラク成功する脳」をつくる第一歩は、あなたに合ったダイエットイメージを構築することです。そのイメージによって、ダイエットをやり遂げる「成功の扉」を開いていきます。

この扉の状態は、1人1人で異なります。いつも扉が開いている人もいれば、ちょっとしたことでもすぐにバタンと扉が閉まってしまう人もいます。

必ずダイエットに成功してしまうアスリートやトップモデルといった一流の人たちは、「成功の扉」がいつも開いています。

どういうことかというと、数々の目標や記録を当たり前のように塗り替えていくアスリートたち、華々しいスポットライトを浴びているトップモデルたちは、つねに目標達成のイメージを自分の潜在意識に植えつけ、日々のトレーニングやプロポーション維持に取り組んでいるからです。

オリンピックを目指す選手なら、4年もの間にわたって目標をずっと思い続けています。減量のある競技なら、試合の前にリミットの体重になっ

ていなければ試合に臨めませんから、ダイエットの目標指導など必要ありません。

モデルや女優さんは、自分の納得のいく体型になるために、無意識のうちにも強い目標意識を持っています。

GOLDEN RULE OF BRAIN

「成功の扉」の向こうには、「成功」しかない

こうした一流の人たちのように、この扉が開き続けていれば、誰でもラクラクとダイエットに成功します。

しかし、普通の人では、この扉がすぐに閉じてしまいます。「やらなくっちゃ！」と意識したときだけ開くのですが、それ以外のときは閉じているのです。「三日坊主」というのは、「成功の扉」が3日だけ開いている人のことです。

「意識」でのダイエットには、限界があります。

しかし、ひとたびＩ－ＲＡにインプットできれば、必死にならなくても本能で勝手にダイエットできるようになります。

一般の女性がダイエットする場合、まずこの「成功の扉」がいつも開いているようにす

ることが重要です。

そのためには、まずしっかりした目標をつくることです。

夢の舞台に立つオリンピック選手でも、オリンピックを終えた瞬間は目標を見失います。目標を見失った状態では、いかに世界で戦ってきた選手であっても、練習に身が入らず、国内大会でさえも成績が悪くなってしまうこともあります。トップアスリートでも、目標がなくなると、練習でも本番でも、最高のパフォーマンスを発揮することができなくなるということです。

でも、あなたには「ダイエットする」というハッキリした目標があります。それだけ、戦える身体、戦える気持ちがあるわけですから、やりやすいのです。

その目標ですが、よく「夏までに痩せる」といった目標を掲げる人がいます。こうした人で、成功した人をまず見たことがありません。夏とはいつのことかがハッキリしないからです。

「とりあえず痩せたい」などという目標は、持っても持たなくても同じです。もともと日常生活で目標を意識している時間など、ほとんどないからです。漠然とした目標は意識からすぐに外れてしまいますから、「成功の扉」は閉じたままです。

「成功の扉」をいつも開けておくためには、しっかりした目標、具体的な目標づくりが欠かせないものです。ですから、脳が反応するような具体的な目標、具体的な日時を設定することです。

脳が反応するような具体的な目標の例として挙げられるのは、「結婚式」です。「夏までに痩せる」といっても、ちっとも痩せられなかった人が、結婚が決まるとダイエットに成功したりします。

「夏までに痩せる」という漠然とした目標に、脳は反応しません。しかし、結婚式が目標になると、「結婚式の○月○日までにダイエットする」という具体的な目標と日時の設定に、脳がダイエットの照準をピタリと合わせてくれるのです。

油断すると扉はすぐに閉じてしまう

ダイエットをやり遂げるために、具体的な目標をつくることが大事だといっても、結婚式のように、脳がビビッと反応するような具体的な目標は、そうたくさんあるものではありません。

私たちの脳は、意識ではわかっていても、「わかっていてもできない」のです。行動のわずかな部分は意識でコントロールしていますが、行動のほとんどは本能に従っています。お腹が空けば食べたくなる、眠くなれば眠ってしまうように、です。

よく「目標意識が足りないから、ダイエットに失敗する」といいます。でも、一般の人に、スポーツ選手やトップモデルのような目標意識を持たせようとすること自体が本来、無理な話なのです。

目標を持ったとき、意識しているとき、「成功の扉」は開きます。しかし、すぐに閉じてしまいます。

いくらダイエットを決意したとしても、1日中ダイエットを意識している人などいないはずです。そんなことをしていると脳の歯車が狂ってしまいますから、脳が意識しないように誘導していくのです。

ダイエットに限らず、成功している一流の人は「こうなりたい」と思い描いて目標を持ちます。そして、「よし、やるぞ」という決意、実現したときの自分のイメージを強く持っています。

実現したときのイメージは、ドキドキワクワクする喜びのイメージです。このウキウキ感、ワクワクする喜びの感情が大切なのです。

いつもダイエットが楽しければ、いつもワクワクしていれば、「成功の扉」は開きっぱなしです。

そうなると、ダイエットは長続きします。ダイエットが続けられれば、誰だって理想的なプロポーションを手に入れられます。

夏までに痩せるダイエットが失敗する理由も、結婚式を目標にしたダイエットが成功する理由も、ここにその答えがあるのです。

強力な成功イメージで現実を覆していく

では、どのようにしたらいつも気持ちがワクワクするような楽しいダイエットができるのでしょう？

それには、「ダイエットが成功して、自分がどんな自分になるか」をイメージすることが大切になります。

そこで実際に、あなたがダイエットに成功したイメージを描いてみましょう。その際には、以下のポイントに注意してください。

- イメージと現実の落差が成功へのエネルギーになる
- 「欲張りすぎ」と思えても気にしない
- ボディラインはハッキリとイメージする
- 自分がとくにダイエットしたい部分は、イメージを鮮明にする

そのイメージを次ページに書き込んでみてください。

ダイエット成功のためには「成功の扉」を開く――このイメージづくりが非常に重要になります。

それは、イメージが鮮明に描ければ描けるほど、ダイエットに成功した自分の姿がクッキリ描けるほど、脳は限りなくあなたのイメージに近づこうと行動を起こすようになるからです。

ダイエットに成功した自分のイメージ

「それってホント？　そんなに都合よくいくの？」と疑問に思われるかもしれませんが、ここは非常に重要なポイントです。

私たちのスーパーコンピュータには、それがウソであろうとなかろうと、入力されたイメージに従って、そのイメージを実現しようとするプログラムがあらかじめ組み込まれているのです。

GOLDEN RULE OF BRAIN

私たちの脳では、1回のウソはウソだが、100回のウソはホントになる

これ、ホントです。脳のこの働きが、あなたの描いたイメージ通りのあなたにしてくれるのです。

だから、「ダイエットに成功した自分」が鮮明に描けるほど、ダイエットは簡単になっていきます。

オリジナルの自分ポスターをつくる

私たちのスーパーブレインダイエットでは、目標とイメージの力を最大限に利用します。それは、次のような法則があるからです。

GOLDEN RULE OF BRAIN

目標とイメージが一致すれば、その力は和(+)ではなく積(×)になる

目標とイメージを一致させることができれば、「成功の扉」を開けておく素晴らしい力になります。そして、目標とイメージを一致させる格好の手段が、目標のポスターをつくることです。

目標のポスターとは、「ダイエットできた自分」のイメージと、ダイエット目標を掲げた「自分ポスター」ということです。

受験生の指導でも、私は目標を壁などに貼らせます。そのときも、「東大合格!」「京大合格！」「司法試験に受かるぞ！」といったように、目標を言葉で書くことはもちろん、そこに加えて、必ず志望校の写真や自分で描いたイラストを添えるように指導しています。それも、目立つように添えさせます。

人間というのは、文字は左脳で理解しますが、写真やイラストは右脳でキャッチします。目標の成否を握っているのは右脳とＩＲＡの「快」の感覚ですから、写真とイラストで、「志望大学→格好いい→行くぞ」と右脳に強くインプットするわけです。

それが言葉だけだとどうでしょうか？

左脳は現状と将来を論理的に結びつけようとしますから、「志望大学→行きたい→難しいかな」とつい理性で考えて、マイナス思考にハマってしまいます。

このとき、写真などから受けるイメージと言葉の目標が一致すると、〝かけ算〟の力が得られます。

ダイエットでも、同じです。「ダイエットできてキレイになった自分」のイメージと、言葉で宣言した自分を一致させ、〝かけ算の力〟を現実にするのです。

次ページにポスターの参考例を挙げてつくり方を紹介します。

「自分ポスター」のつくり方

①自分がなりたい体型のイメージ

痩せていたときの自分の写真、または理想のプロポーションのモデルや芸能人の切り抜きに、自分の顔の写真を貼る。

②具体的なダイエットの目標達成日

○年○月○日までと具体的に記入する。

③目標体重・体脂肪率・サイズ

数値を明確にして、体重だけでなく、体脂肪率やウエスト、二の腕など、痩せたい部分の目標数値も記入する。

④目標を達成した理想のイメージ

目標を達成したときの自分を具体的にイメージし、表情、雰囲気、動き、気持ちや感情、性格を記入する。

⑤目標達成後の自分の様子

ダイエットの本当の目的として、目標達成後に、自分は何をしているか、どんな気持ちでいるかを記入する。

⑥オリジナルの「魔法の言葉」

「魔法の言葉」のつくり方は、122 ～ 129ページにあります。

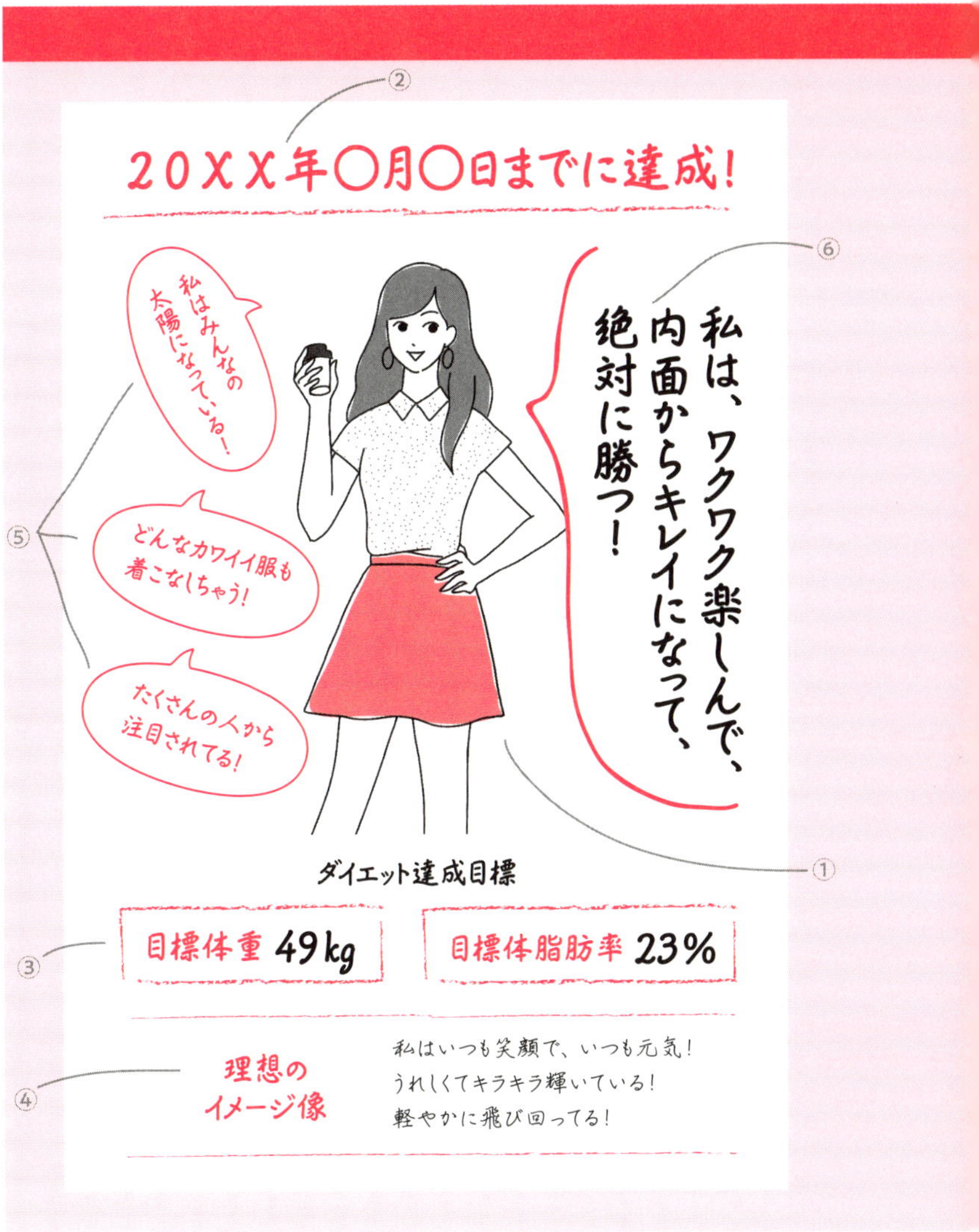
②
20XX年○月○日までに達成!
⑥
私は、ワクワク楽しんで、内面からキレイになって、絶対に勝つ!
⑤
私はみんなの太陽になっている!
どんなカワイイ服も着こなしちゃう!
たくさんの人から注目されてる!
①
ダイエット達成目標
③
目標体重 49kg
目標体脂肪率 23%
④
理想のイメージ像
私はいつも笑顔で、いつも元気!
うれしくてキラキラ輝いている!
軽やかに飛び回ってる!

さらに、この自分ポスターにはもうひとつ、「ダイエットの魔法の言葉」も記入するとよいでしょう。「魔法の言葉」のつくり方は、この後でお話しします。

また、このポスターはときどきつくり替えたほうがよいでしょう。ある状態が続くと、人間の脳はそれを当たり前と感じて刺激を受けないようになり、反応が鈍くなってしまうからです。

それに、ポスターも少しずつ汚れてきます。ポスターの汚れはあなたの目標とイメージの汚れです。こんな状態では、ＩＲＡが「快」と受け取りません。

適度の刺激を与えるためにも、イメージを新鮮にするためにも、１か月に１度は、新しいポスターづくりに取り組んだほうがよいでしょう。

ナルシストの意識の高さを見習う

あなたは、１日に何回鏡を見ていますか？　５回ですか？　10回ですか？　いえ、そんなものではないはずです。お化粧の関係から、男性より女性のほうが鏡を見る機会は多いものです。鏡を見ると、そこには「今の自分」がウソ偽りなく映ります。

ダイエットしたいと思うのは、ダイエットしたい自分が最初にあるわけではありません。鏡に、今の自分が映るからです。その自分像を右脳がキャッチして、左脳に「あまりほめられたスタイルじゃない↓何とかしたほうがいい↓ダイエットしよう」と情報が伝わるのです。

もし、この世に鏡がなかったら、ダイエットしたいと思う人は激減するでしょう。なぜなら、鏡に映る自分を見ないですむからです。

「ダイエットしたほうがいい」「これはダイエットするしかない」と思わせる情報がないわけです。

男性より、女性のほうに美容やダイエットに敏感な人の多い理由がここにあります。もちろん、男性にも美容やダイエットに敏感な人はいます。そうした人を注意してみるとわかりますが、普通の男性よりも、鏡をのぞいている時間が多いはずです。

ホストクラブの人気ホストやビジュアル系のロック歌手には、ナルシストが多いものです。彼らを見ても、太っている人はまずいません。

彼らのようなナルシストになると、自分の姿が窓ガラスなどにチラッと映るだけでもチェックを入れます。風で動いたヘアスタイルのちょっとした崩れも気になるほど美への意識が高いのですから、鏡に映る自分の体型が少しでも崩れるのは絶対に許せないことなのです。

GOLDEN RULE OF BRAIN

ナルシストが見る鏡に、肥満はない その鏡にはいつでも「キレイな自分」しか映らない

鏡を見るとき、あなたは鏡に映った自分をしっかりチェックしているでしょうか？　何となくぼんやり見てしまっていませんか？

もしそうなら、あなたは時間を捨てているのと同じです。自分を変えるという意味では、鏡を見ることはとても重要です。

スタイル抜群のバレエダンサーはいつも鏡を見て、自分の姿勢をチェックしています。筋肉美を追求しているボディビルダーは、筋力トレーニングのあと、自分の身体を必ず鏡に映して確認します。

鏡は、自分の外見が情報として一発でわかります。全身の映る鏡があれば、毎日、自分

の身体を映してあげることです。もし全身が映る鏡がなければ、思い切って購入することをおすすめします。高いダイエット器具を買ったりエステに通うことを考えれば、鏡くらい安いものではないでしょうか？　ダイエット効果があるだけでなく、鏡は長期使用できますから無駄な出費になりません。

その鏡を毎日磨き上げるくらい、全身を映しましょう。そうしているとダイエットの目標意識も高まります。目指せ！ナルシストです。

ログセもプラス思考に変える

ダイエットは、日常の生活習慣の積み重ねです。楽しくダイエットできるような日常習慣を身につけてしまえば、ダイエットは成功します。

それは十分にわかっていても、日常を変えることはなかなか難しいものです。ダイエットに何度もトライしながらうまくいかないあなたなら、きっと痛いほど理解できることでしょう。

プラス思考については前に話しましたが、その構造はどうなっているかというと、自分自身に無意識に語りかけている言葉からきています。この〝無意識〟というところがポイントです。無意識に語りかけている言葉とは何か。それは、「いつも話している口グセ」です。

プラス思考が口グセなら、マイナス思考も口グセです。ダイエットがなかなかうまくいかない人たちの口グセを注意して聞いているとわかりますが、強いマイナス思考が働いています。無意識にマイナス思考がインプットされ、ダイエットが成功しないように、失敗するようにとリードしていることがわかるはずです。

「どうせこのダイエットはダメなのよ」
「やっぱり私にはダイエットはムリだった」
「誘惑に負けちゃうから、ダイエットできない」

ことあるごとに、「ダメ」「ムリ」「できない」といった否定的な言葉を何度も繰り返します。この言葉が無意識に繰り返されると、「ダイエットはダメ、ムリ、できない↓絶対にうまくいかない↓やっても仕方がない」と完全無比のマイナス思考に陥り、ＩＲＡに「ダイエットできない」がインプットされます。

これでは「成功の扉」は固く閉じたままです。

人はなぜ、「できない」といいたがるのでしょうか？　じつは、これには大きな理由があります。自分を正当化しようとする気持ちが働くため、人は「できない」という言葉を使ってしまうのです。

GOLDEN RULE OF BRAIN

「できない」といっていると、「できない自分が正しい」と正当化されていく

思いが実現化するのは、口に出すと強化されるからです。思いが実現化しないのは、「できない」を口にして、自分で「できない自分」を強化してしまうためです。

なぜ強化してしまうかというと、私たちの記憶に秘密が隠されています。私たちの記憶はネットワークになっていて、それぞれの記憶が手をつなぎ合って導き出されます。

正確には脳のシナプスという神経細胞がつながって記憶のネットワークをつくっているのですが、この記憶の手と手がつながっていなければ、記憶は引っ張り出されません。

そして、思い出すたびに、この記憶のつながりは強くなります。勉強で初めて習った公式などを暗記するとき、何度も何度も反復しないと覚えられません。それは、この公式を

インプットする記憶のつながりがないから、あるいは弱いからです。

しかし同じことを何度も反復すると、記憶のつながりができてきます。その状態が、暗記できたということになるわけです。でも、そのまま放っておくと記憶のつながりが弱くなり、せっかく覚えた公式も取り出せなくなってしまいます。

もう、おわかりでしょう。「ダメ、ムリ、できない」と何度も口に出していると、「ダメ、ムリ、できない」という記憶のネットワークが強くなる一方です。〝否定つながり〟がどんどんつくられて、「否定の記憶ネットワーク」が堂々と完成してしまうのです。

このように、あなたが無意識に口にする言葉、口グセは、現実のものになります。「ダイエット→ダメ、ムリ、できない」と、ダイエットできない自分を自分でつくってしまうわけですから、いくら痩せようと思っても痩せられるはずはありません。

そして最後は、「やっぱりダメ、やっぱりムリ、やっぱりできなかった」に落ち着くしかないのです。

それでは、ここでマイナスの口グセをプラスに変える練習をしてみましょう。次ページの例を参考にして、118ページにあなたがよく口にするマイナス言葉、口グセを書き出して、それをプラスに置き換えてみてください。

マイナス言葉の変換例

マイナス	プラス
もう少し食べたい	お腹いっぱいで満足している
なんで痩せないの？	まだ何もしてない
つらい	楽しくてクセになる
大変	絶対きれいになる
我慢できない	すぐに楽になる
もう無理	今だけ頑張る
楽しくない	目標があるから頑張れる

マイナス言葉の変換

マイナス		プラス
	→	
	→	
	→	
	→	
	→	
	→	
	→	

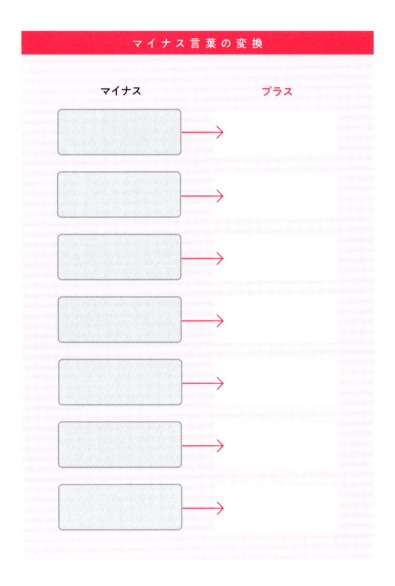

このあとに、スーパーブレインダイエットの一環として、いろいろな言葉を考えてもらいますから、その練習にもなると思うので、ぜひトライしてくださいね。

鏡の自分に語りかける

もう一度いいます。自分が無意識にいっていること、無意識の口グセがあなた自身をつくり上げます。しかも、同じ情報を反復すればするほど脳の記憶のつながりが強められ、記憶力は高まります。

口に出せば出すほど、プラスのことであれマイナスのことであれ、その方向にあなたが強化されます。だから前項で練習したように、口グセをダイエットの味方に引き込んでしまいましょう。

自分自身に語りかける言葉のことを、専門的に「自己暗示（セルフトーク）」といいます。

この自己暗示によって、私たちの「できるか、できないか」が決まってしまうのです。

だから、自己暗示を使って「ダイエットできる自分」に自分を変えてしまえば、ダイエットの目標を達成できる自分になれるのです。

その方法は、別に難しくありません。今まで無意識に自分自身に語りかけていた言葉（＝ログセ）を、意識的に変えるだけでＯＫなのです。

具体的にいうと、せっかく大きな鏡がある（はず）のですから、鏡を活用するのです。鏡に自分の顔を映し、しっかりと目を見て語りかけます。自分に自分で魔法をかけるつもりでやると、効果抜群です。鏡をあなたの〝魔法の鏡〟に変えてしまえばいいのです。

GOLDEN RULE OF BRAIN

言葉によって、ただの鏡が「ダイエットの魔法の鏡」になる

魔法の鏡を見るたびに〝魔法の言葉〟を語りかけると、あなたは一歩一歩、理想のあなたになっていきます。自分自身に語りかける言葉では、次の3つの要素が大切です。

①やる気を出して心を強くする言葉（自分に負けない言葉）
②内面を豊かにする言葉（内面が輝く言葉）
③ダイエットのストレスを忘れる言葉（脳を切り換える言葉）

これが大切な3つの言葉です。

まず「やる気を出して心を強くする言葉（自分に負けない言葉）」で自分自身に語りかけると、ダイエットへの意識が無意識に高まります。

ダイエットに成功して外見はキレイになったけれど、性格ブスではあなたの魅力が半減します。鏡への語りかけでは、同時に〝性格美人〟も目指しましょう。「内面を豊かにする言葉（内面が輝く言葉）」も加えて自分の内面を豊かにし、内面から自分をキレイに磨き上げましょう。

もうひとつ欲張って、「ダイエットのストレスを忘れる言葉（脳を切り換える言葉）」も考えましょう。この言葉は、IRAにインプットされた「ダイエット↓つらい・苦しい」を消し、「ダイエット↓楽しい・うれしい」とダイエットを成功に導いてくれます。

この言葉の参考例として、次のようなものを挙げておきます。

- 私は強く、恋人の○○さんのためにダイエットを頑張り、心から感謝する
- 私はダイエットに成功し、素直な心を持ち、幸せになる

・私には力があり、内面から輝き、ダイエットをワクワク楽しむ
・私はダイエットに自信があり、自分を見つめ直し、最高になる

オリジナルの魔法の言葉を編み出す

今、3つの言葉を組み合わせた4例を紹介しました。もちろん、これ以外の言葉を考えていただいても結構です。

むしろ、「これだな!」と自分で納得できるそれぞれの言葉を探し、自分なりの組み合わせをつくったほうが楽しいし、さらなる効果アップが期待できます。

この〝魔法の言葉〟というものは、自分でピンとくる言葉のほうが魔力を増すというものです。そのとき、それぞれの言葉の決め方にはポイントがあります。

以下に、それぞれのポイントをまとめておきますので、そこに注意して自分の言葉を決めてください。

①やる気を出して心を強くする言葉（自分に負けない言葉）

まずは「やる気を出して心を強くする言葉（自分に負けない言葉）」です。ダイエットのつらさに負けないように、力強い言葉を選びます。

ポイントは次の通りです。

- どんなに苦しくても、つらくても絶対にくじけない→「私は強い」
- 自分に負けそうになってもあきらめない→「私は勝つ」
- どんなことがあってもやり通す→「私は力がある」
- 最後まであきらめずにやれば、絶対にできる→「私は自信がある」

「やる気を出して心を強くする言葉」としては、このように「絶対にくじけない」とか「あきらめない」「やり通す」「絶対にできる」という強い気持ちを表現する言葉の中から、自分が一番気合いの入る言葉を決めていきましょう。

そして、それを126ページの上の欄に書いてください。

②内面を豊かにする言葉（内面が輝く言葉）

次は「内面を豊かにする言葉（内面が輝く言葉）」です。内面から美しさがあらわれてくる言葉を選びます。

ポイントは次の通りです。

- 私は自分のためではなく、愛する人のために頑張る→「○○さんのため」
- 私を応援してくれる人に報いる→「素直になる」
- 心の底からキレイになる→「私は輝く」
- 人のせいにしたり、いい訳をしたりしない→「自分を見つめる」

「内面を豊かにする言葉」も、「愛する人のため」「応援してくれる人に報いる」「心の底からキレイになる」「いい訳したりしない」といった表現の中から、自分にふさわしい言葉を決めていきましょう。

そして、それを126ページの下の欄に書いてください。

③ダイエットのストレスを忘れる言葉（脳を切り換える言葉）

最後は「ダイエットのストレスを忘れる言葉（脳を切り換える言葉）」です。脳に起こったマイナスをプラスに切り換える言葉を選びます。

ポイントは次の通りです。

- 私をキレイにしてくれるダイエット、ありがとう→「ダイエットに感謝」
- ダイエットでキレイになって幸せをつかむ→「私は幸せになる」
- ダイエットにチャレンジする→「ワクワク楽しむ」
- 何もかもうまくいく→「私は最高です」

「ダイエットのストレスを忘れる言葉」では、「ダイエットにありがとう」「ダイエットで幸せをつかむ」「ダイエットにチャレンジする」「何もかもうまくいく」という言葉の中から、「この言葉が好き」という言葉を見つけて決めていきましょう。

そして、それを127ページの上の欄に書いてください。

自分の魔法の言葉をつくる

①やる気を出して心を強くする言葉
（自分に負けない言葉）

②内面を豊かにする言葉
（内面が輝く言葉）

③ダイエットのストレスを忘れる言葉
（脳を切り換える言葉）

魔法の言葉

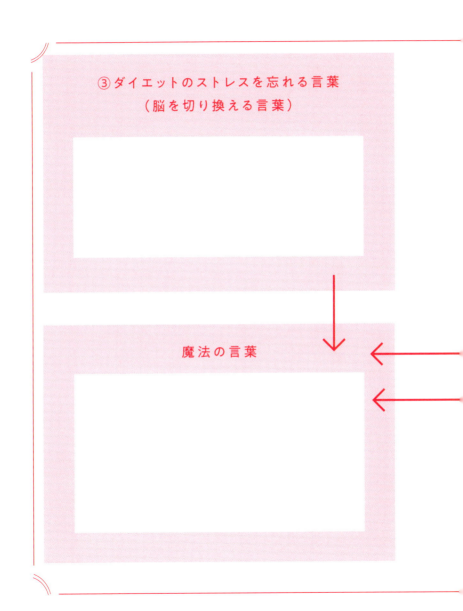

魔法の言葉

ここまでで、3つの言葉が決まったら、それを組み合わせてあなただけの「魔法の言葉」をつくっていきます。

このときの言葉はなるべく、簡潔で力強い言葉を選ぶようにしてください。簡潔で力強い言葉のほうが、イメージをより鮮明にすることができ、効果的だからです。

もうひとつ、それぞれの言葉は単独では感じがよくても、組み合わせるとどこかバランスが悪く感じられることがあります。

組み合わせによって、「言葉に出しやすいもの・出しにくいもの」「語感の響きのよいもの・あまりよくないもの」「自分のイメージにピタリとくるもの・こないもの」ができてしまうので気をつけてください。

脳に「ダイエット↓快」をインプットして、ダイエットがラクラクできてしまうダイエット脳をつくるうえで、ＩＲＡが「不快」と受け取ってしまう組み合わせは効果が薄れてしまいます。３つの言葉を決めても、組み合わせて発音してみて感覚がイマイチだったら、もう一度考え直すことが重要です。

それでは、127ページの下の欄にそれを書いてみて、ぴったりくる言葉を決めましょう。

ここで、あなたがつくったオリジナルの魔法の言葉を確認しましょう。気に入った言葉が完成したら、「ダイエットしてキレイになった自分」の目標ポスターに記入します。

また、紙に書いて、鏡の横に貼っておいてもよいでしょう。朝と夜、鏡を見るときに、自分の目をしっかり見つめながら、この言葉を語りかけます。

輝いている自分をいつも携帯する

今の自分を見て、「ダイエットなんかできるはずがない」とすぐに「成功の扉」を閉ざしがちの人におすすめの方法があります。

「ダイエットなんか不可能」と感じる人の脳は、現在の自分を非常に鋭く認識しています。現状を認識する能力が優れているために、「ここまでになってしまった現在の体重を落とすのはムリ」と理性的に結論を下してしまっているわけです。

だったら、ダイエットに成功するために、その理性的な結論を覆さなければなりません。

そのためにもＩＲＡを「快」にする作業が必要になり、感情をうまく使うことでＩＲＡに「快」をインプットするのです。

ＩＲＡに「快」をインプットするために、「キレイ、かわいい」と思える自分の写真を持ち歩くようにするのです。

人生の苦労など何も知らずに輝いていた青春時代の写真でもよいですし、好きな人の一挙一動に胸をときめかした高校時代の写真でもかまいません。もっとさかのぼって、あどけない幼稚園時代の写真でもよいでしょう。理屈抜きで〝キレイな自分〟と思える写真なら、どんなときでも、どんな格好をしていても問題ありません。

写真を選んだら、定期入れでも手帳でも、財布でもいいですから、中にはさんだり入れたりして持ち歩くのです。そして、マイナス思考になりそうになったら、すぐにその写真を見るようにするのです。

マイナス思考は、「今の私→キレイになれっこない」とあなたのＩＲＡに「不快」をインプットします。「かわいい」と自分で思える写真は、あなたのプラス思考とプラス感情を刺激します。

「こんなにかわいいときがあったのだから、きっとキレイになれる」とＩＲＡは「快」になります。

そのときに、自分が願うプロポーションを実現した自分をイメージすると、「快」のイメージはより強力になります。

写真を持ち歩く以外にも、イメージを刺激するいろいろな方法が考えられます。スマートフォンの写真機能と保存機能を使うと、方法の範囲がぐんと広がります。

・スマートフォンに、かわいいと思える写真を記録・保存しておく
・スマートフォンに、目標ポスターを記録・保存しておく
・スマートフォンに、オリジナルの魔法の言葉を入力しておく

時間に余裕があるとき、スマートフォンの画面にこれらのデータを表示して眺めたり、言葉で確認したりしましょう。

繰り返す回数を増やすことで、「私はキレイになれる」とＩＲＡに情報を送り、「キレイになった自分」の刺激を与えるのです。

人の視線をたっぷり浴びる

「ダイエット脳」をつくるには、メイクやファッションなど、自分のビジュアルに気をつかうことも大切です。「なりたい自分」のイマジネーションがなかなかわかない人にとっては、メイクやファッションはイメージづくりのビッグな手助けになります。

あなたはダイエットにかけるように、オシャレにお金をかけていますか？

「ダイエットサプリにお金がかかってオシャレなんかしてない。そういえば、最近、服も買っていないし、メイクもいい加減だわ……」というのであれば、今日からオシャレにお金をかけてください。

私などは、「本当にダイエットしたいのであれば、『このダイエット、ホントに効果があるのかしら？』と疑問を持ちながら続けるより、洋服にお金をかけたほうがいい」とさえ思っているほどです。

「効果があるの？」という疑問はストレスになり、ダイエットの妨げになります。 ＩＲＡ

には「ダイエット↓不快」がインプットされ、ダイエットを失敗へ失敗へと導いてしまうからです。

それに比べ、オシャレをすることはあなたのイメージを変え、ダイエットの目標意識をつくるために大いに役に立つ方法です。

考えてもみてください。大好きな男性と初めてデートするとき、いつも自分の部屋で着ている服装で出かけますか？

そんなことはないでしょう。初デートなら、誰でも自分が一番キレイに見える服はどれか、一生懸命選ぶはずです。ヘアメイクもバッチリ決めるし、ネイルもピカピカにするでしょう。

それを思い出して、自分のビジュアルイメージを磨いていってほしいのです。

そして、最後の決め手は、自慢の勝負アクセサリーを持つことです。自分がこれだけは自信があるというアクセサリーです。ダイヤでも、パールでも、サファイヤでも、気に入ったジュエリーがあれば、その石がついた指輪などもいいでしょう。

それではここで、あなた自身が一番キレイに見えるオシャレアイテムを次ページに書き出してみましょう。

勝負服と勝負アクセサリー

勝負服

勝負アクセサリー

ここに書いた勝負服と勝負アクセサリーでドレスアップしたあなた。鏡に映る自分を見たとき、あなたのＩＲＡはドキドキワクワク、「快」そのものになっています。「オシャレすること」は、ＩＲＡに「イケてる➡やればもっとイケてるようになる➡ダイエットするぞ！」をインプットすることになるのです。

GOLDEN RULE OF BRAIN

気に入った勝負服を着て全身に気合いが入っていると、人はそのファッションに見合った人間になろうとする

自分で気に入った服装とアクセサリーで街を歩けば、人の視線を浴びる自分にも気づくでしょう。女優さんがいつも輝いているのは、自分で自分を目立つようにセルフプロデュースして人の視線を浴びているからです。

これもＩＲＡに「快」がインプットされるからですが、人の視線を浴びれば、あなたのＩＲＡも「快」を感じて自然に輝くようになります。

どうでしょうか？　もうこの瞬間から、「私もオシャレしよう！」と思われたのではないでしょうか？

もちろん、オシャレはお金がかかります。でも、いろいろなダイエット法にいずれ無駄になるお金をかけるより、よっぽどダイエット効果があります。しかも、外面を魅力的にする効果もある一石二鳥のお得な方法なのです。

大声で泣いてトンネルから抜け出す

うまくいかないとき、「なぜうまくいかないのか?」と反省したり、「私は向いていない」とマイナス思考で考えることはやめましょう。こう考え続け、悩み続けると、ストレスばかりが蓄積されてしまい、「成功の扉」とともにウキウキワクワクの「喜びの扉」がパターンと閉じてしまいます。

逆に、「もっと頑張らないと!」とか「もっとプラス思考にならないと!」と、自分を無理やりプラス思考に誘導することもやめたほうがいいでしょう。感情のともなっていない見せかけのプラス思考も、やはり「成功の扉」や「喜びの扉」を閉ざすだけだからです。

犬や猫は、自分の思う通りにいかなくても悩みません。野生のライオンが狩りに失敗し続けても、スランプを自覚することはありません。うまくいかないとき、人間以外の動物は、うまくいかない現実だけを受け止めます。

うまくいかないとき、スランプに悩むのは人間だけです。スランプというのは「うまくいった過去の記憶」と「うまくいくはずだった未来の記憶」の間に横たわるエアポケットのようなものです。脳が高次の活動を持ったために、過去と未来の狭間で、人間は「なぜ、うまくいかないのか？」とスランプを感じて悩んでしまうのです。

GOLDEN RULE OF BRAIN

希望があるから絶望がある。希望がなければ、スランプを感じることもない

壁にぶち当たったときや、「なぜうまくいかないのか？」とスランプになって悩んだときに有効な方法があります。涙です。思い切って泣いてしまうのです。

これまで、あなたは涙を知らないということはないでしょう。恋人との別れ、知人・友人との別離、親戚や両親・兄弟との永遠の別れを経験した方もあるでしょう。そうしたとき、あなたは自然に涙を流したことと思います。そして、涙を流したあとのあの不思議な心の平安、穏やかな感じも知っているはずです。

泣くのなら、大声で泣くことです。誰でも、大声を出せばスッキリします。涙を流せば、すべてが涙とともに流れていきます。涙には精神の浄化作用があります。大声で泣いたあとは、新しい自分が待っています。気持ちが新しく切り換わって、ダイエットにフレッシュな気分で取り組めるようになります。

スランプに陥ったある女子スポーツ選手を指導していたときです。突然、彼女は「できない！」と叫ぶと、大粒の涙をボロボロ流しました。これはチャンスです。私は、「控え室に行って思いっ切り泣いてきなさい」といいました。飛ぶようにその場を去った彼女は、15分後にサッパリスッキリした表情で帰ってきました。瞳もキラキラ輝いています。

流した涙の分だけ、スッキリした感じになります。おそらく彼女は、これまでに経験したことがないほど号泣したに違いありません。それからの指導は順調そのものでした。

GOLDEN RULE OF BRAIN

うまくいっていないと感じるときは、現実にうまくいっていない
だから悩んでも始まらない

この法則を知っている人と知らない人とでは、天と地ほどの差が出ます。

現実に壁にぶつかっているときは、考えても、悩んでも、それ以上一歩も先には進めません。結果も出ません。理屈をこねてあれこれ考えれば、よけいにマイナス思考を深めることにつながります。

だから、ダイエットのことも、大切な人のことも、自分の過去も未来もすべてを忘れるくらいの大声で泣いてしまうのです。

泣けるだけ泣いたら、あなたはスッキリしています。昔から、涙のあとは笑顔と決まっています。泣いて、泣いて、泣きまくれば、あなたの脳からは「できない！」という言葉が洗い流されています。

「私にはダイエットはできない」というマイナス思考のドツボから抜け出すと、そこはプラス思考の世界です。「トンネルを抜けるとそこは雪国だった」と、かの川端康成は書きましたが、マイナス思考のトンネルを抜けるとプラス思考の世界です。

その新鮮な気持ちで、ダイエットにチャレンジしましょう。気持ちが落ち着いたと思ったら、すぐに鏡に自分の姿を映し、自分だけの魔法の言葉を自分に語りかけてみましょう。驚くほど、魔法の言葉が自分の中に染み込んでいきます。

THE PERFECT MENTAL DIET

CHAPTER 4

脳を使ってどんな誘惑にもワクワク打ち勝つ

イメージの根気で誘惑に打ち勝つ

ここまでの話の要点を簡単に整理してみましょう。

- 明確な目標を持って、「成功の扉」を開けておく
- 「ダイエットしてキレイになった自分」を鮮明にイメージし、「成功の扉」を開けておく
- 言葉や鏡、オシャレなどで「成功の扉」をいつも開けておく
- ドキドキワクワクできる自分で、「喜びの扉」をいつも開けておく

そしてもうひとつ、ダイエットを成功させる大切なポイントがあります。

- ダイエット中、ドキドキワクワク状態を保ち続ける

新しいスマホを持つと、なぜかドキドキワクワクする感じがわき上がってきます。訳もなくスマホをいじってみたり、友達に見せびらかしたりすることもあるでしょう。

スマホが新しくなった。ただそれだけで何だかドキドキワクワク楽しくなってしまうから、人間の気持ちは不思議です。

ピアノを始めた人なら、ショパンの『別れのワルツ（ワルツ第9番変イ長調　作品69の1）』や『子犬のワルツ（ワルツ第6番変ニ長調　作品64の1）』が弾けるくらいになりたいとか思っているのではないでしょうか。

英会話なら、「ペラペラになって外国人と友達になりたい」といったように、無意識に将来のよいイメージを思い浮かべていることでしょう。

何事も、物事の最初はつねにこうしたドキドキワクワク状態で始まります。このワクワクする気持ちが〝初心〟といわれる気持ちで、「喜びの扉」です。そのときの脳を調べると、〝快楽ホルモン〟のβ-エンドルフィンや〝やる気ホルモン〟のドーパミンが気持ちよく分泌されているはずです。

ダイエットでも同じです。ダイエットを始めようとしたときは、誰でも「よし、やるぞ！」というやる気とドキドキワクワク状態があります。通販で頼んでいたエクササイズマシンが届いて、梱包を解いているときもワクワクしています。

初心のドキドキワクワク状態をもたらすものは、無意識にイメージしている「ダイエットしてキレイになった自分」です。このときも、当然ドーパミンは出ています。

このドキドキワクワク状態が持ち続けられれば成功するのに、時間が経過するにつれて初心は忘れられます。だから、「初心忘れるべからず」とか「初心にかえれ」とよくいわれるのですが、こういわれるのは、「初心は忘れられやすい」からです。

GOLDEN RULE OF BRAIN

初心を忘れる人が少ないなら、「初心忘れるべからず」という格言は生まれていない

ダイエットで一番大事なのは〝続ける〟こと。ところがこれが難しいのです。あなたもダイエットが三日坊主で終わってしまった経験があるのではないでしょうか？　しかし、それはあなたの意志が弱いからではありません。ただあなたが最初、無意識のうちにも描いていたよいイメージが薄れたり、なくなってしまっていたりしただけです。

ダイエットしていると、多くの誘惑があります。甘いものが好きな人ならケーキやアイ

スクリームの誘惑、お酒が好きな人ならお酒の誘惑があります。ダイエットに運動を取り入れている人なら、「苦しいからやめようか」とか「1日くらい休んでも、明日ちょっと量を増やせばいいや」という囁きも聞こえてきます。

　無意識のよいイメージを強く持っていれば、仮に甘いケーキやアイスクリームの誘惑があっても、脳は「ダイエットしてキレイになった自分」のほうをワクワク楽しく感じ、ケーキやアイスの誘惑に勝てます。「ケーキやアイスは、キレイになる自分の敵」というわけです。

　ところが、イメージの根気がなくなってくると、「少しくらいなら……」という甘えや「もうやめようか……」といった弱さが出てきます。そう思いはじめたとき、あなたの脳ではすでに「ダイエットでキレイになった自分」「素敵に変身した私」のイメージがゆらゆらと揺れ、一部分は消えかかっています。最初のイメージではへこんでいたウエストが、現実のウエスト周りと同じ状態になっているかもしれません。

　このイメージがなくなったらどうでしょう？　あなたにブレーキをかけるものは何もなく、〝脳コン〟ではなく〝ノーコン〟（ノーコントロール）状態になってしまいます。

ノーコン状態の脳は「ケーキやアイスは甘くて素敵」と情報を送り、ワクワクをけしかけます。かくしてあなたは〝甘味の誘惑〟にまんまとハマり、気がつくと「このケーキ、美味しい！」と叫んでいることになります。

この誘惑に一度負けてしまうと、あとは坂道を転げ落ちる石のようなものです。「少しだけ……」「あのとき食べたのだから……」と、もうノンストップ超特急になってしまうのです。

ハッピーエンドのために喜びの扉を開ける

では、なぜドキドキワクワクの初心イメージが薄れたり、消えたりしてしまうのでしょうか？　言葉を換えると、なぜ「喜びの扉」が閉じてしまうのでしょうか？

ひとつには、時間の経過があります。人間の脳は、あることに慣れると新鮮さを感じなくなります。イメージへの慣れがドーパミンの分泌を少なくして、やる気がそがれてしまうのです。

もうひとつは、イメージの落差です。

天才や偉大な発明家は、99・9％不可能なことをやり遂げてしまう人間です。わずか0・1％の可能性が、99・9％の不可能性とほぼ同じ重さを持っているのです。そう信じ込めるのは、脳が「それでもできる」と錯覚できるご機嫌な脳だからです。

ダイエットに失敗する人も、「ダイエットでキレイになった自分」という成功のイメージは持てます。そうした素晴らしい目標のイメージがあるからこそ、成功のイメージとほど遠い現実の自分に負けてしまうのです。そうさせるのは、「できそうもないことをできる」と錯覚するご機嫌な脳ではなく、「できそうもないことはできない」と現実的に判断してしまう否定的な脳です。

GOLDEN RULE OF BRAIN

理想のイメージと現実のギャップに負けると、何事も失敗する

ダイエットが続かなかったり、失敗した人は、根性がなかったり、努力が足りなかったから、ダイエットに失敗したのではありません。成功のイメージと現実のギャップを客観的に判断し、理想のイメージが維持し続けられなかっただけです。失敗の原因は根性や努力ではなく、「イメージの根気」なのです。

ダイエットがうまくいかなくても、「私、根性なしだから」とか「努力が足りない」と思わないことです。そう思っても、何のプラスにもなりません。それは、これからの長い将来、何かをしようとするとき、そのマイナスの記憶情報が悪い影響を与える可能性があるからです。

ダイエットに成功する根性とか努力があれば、フィットネストレーナーのように、過酷なトレーニングで痩せることができます。それに、初めからダイエットなどすることにはならなかったはずです。

なぜなら、「そろそろダイエットしなきゃいけないかな?」と気づいたとき、ダイエットを成功させる根性や努力があれば、そこで体重増加にきちんと歯止めがかけられていたはずだからです。

ダイエットを続けて理想の体型を実現するために、「イメージの根気」をつけましょう。イメージの根気をつけるためには、いつもドキドキワクワクを忘れないことです。いつも「喜びの扉」を開けておくことです。

多くの俳優は演じるキャラクターに自分を近づけようと、徹底的にそ

の役柄に入り込みます。フケ役ならフケた感じに、若者なら若く、実年齢に関係なくなり切るのです。役柄に体重コントロールが必要であれば、何の苦労もなくラクラクとコントロールしてしまいます。

彼らにはそれだけ役柄の強いイメージがあり、そのイメージに自分を強く重ね合わせようとしているからできるのです。イメージし続ける根気があるわけです。バレリーナの演技が必要ならバレリーナ、無人島で漂流する演技が必要なら漂流者、重病患者の演技が必要ならその役柄のイメージが役者の目標になります。

撮影中、目標となるそのイメージをずっと持ち続けられる役者が一流の役者です。名優とは、イメージを持ち続けられる役者を指す言葉なのです。

GOLDEN RULE OF BRAIN

目標のイメージが持ち続けられれば、達成までのストーリーは一貫する

ダイエットでも、「ダイエットでキレイになった自分」のイメージを持ち続けられれば、それもドキドキワクワクと持ち続けられれば、ダイエット・ストーリーは必ずハッピーエンドで終わるはずです。

キレイになったイメージをもっとふくらませる

では、どうすればダイエットの根気が持ち続けられるか、その方法をいくつか教えましょう。まずは、「キレイになって何をしたいか」をどんどんイメージすることです。

キレイになった自分の世界……。生まれ変わったようにキレイになった自分は、その世界でどんなことをするか……。私をどんなことが待ち受けているのか……。考えるだけで、心に翼が生えたようにワクワクして、気持ちも舞い上がります。

子どもの頃、遠足の前日に興奮して眠れなかった経験はありませんか？　明日のことを考えるともうワクワクしてしまって、いくら寝ようとしても寝つけないのです。

妊娠したとき、「この子がよい子で生まれてきてほしい」と女性は考えます。つわりとか、お産の苦しみとかはいっさい頭にありません。

出産は女性の大事業で、下手をすると命にもかかわりかねません。男性の私には実感できませんが、ダイエットに比べたら、出産は比較にならないほどの苦しみでしょう。でも、苦しさ以上に、生まれてくる宝物のことを考えてワクワクしているから、そんな苦しみも忘れていられるのです。

受験をラクラク乗り越えてしまう受験生なども、この手をうまく使っています。受験が終わったら日本一周旅行をするとか、受験が終わったら好きな彼女と遊びまくるとか、合格したあとのそうした楽しみをどんどんふくらませていくわけです。

それまでは努力が少し必要ですから、下手をするとストレスになってしまいます。でも、そのストレスを先の楽しみにうまく転化できれば、ワクワクする気持ちがエネルギーになります。成功への動機づけがぐんと加速されることは間違いありません。

ここで、ダイエットが成功したときに、あなたのしたいことを書き出してみましょう。ベスト5を次ページに書き込んでください。

キレイになった自分を待ち受けている新しい世界は、イメージ自由のファンタジー・ワールドです。どんどんイメージして、ダイエットを成功させるイメージの根気をつけていきましょう。

ダイエットが成功したときにしたいこと

1.

2.

3.

4.

5.

キレイな人に会ってどんどん刺激を受ける

次に、キレイな人にどんどん会うこともおすすめです。

「人に会う」というと、相手のしぐさや表情、服装など、相手のことばかりに気が向きがちですが、逆に自分も相手から見られていることになります。

人とたくさん出会うことは、それだけ多くの相手から見られることなのです。女性は強いイメージ力を持っていますから、テレビや雑誌を見れば、そこに登場しているキレイなモデルさんの姿が真っ先に目に飛び込んでくると思います。

「類は友を呼ぶ」という言葉があります。ズボラな友達が多ければ、その影響を受けてあなたも次第にズボラになっていきます。甘いものが好きな友達と一緒にいれば、必ず甘いものが好きなあなたになっていきます。

ところが、「ダイエットしてキレイになる自分」のイメージをドキドキワクワク持ち続けることは、ズボラになったり、甘いものが好きになったりするほど簡単にはいきません。

なぜかというと、悪いイメージは「そのままのあなた」でも簡単に描けるのに、よいイメージは達成努力が必要とわかっているからです。

GOLDEN RULE OF BRAIN

悪いイメージはすぐにインプットされ、よいイメージはインプットされにくい

テレビや雑誌でキレイな女性の姿をたくさん見ることは、間接的なイメージのインプットです。

自分が無意識に持っているイメージを少しは変えることが可能かもしれませんが、それだけで初心のドキドキワクワク状態をずっと保っていけるでしょうか？　実際にあなたがダイエットを続けられるほどの影響力を持っているかというと、「難しい」というのが正直なところです。

だから実際にキレイな人とたくさん会い、直接的なイメージをインプットするのです。あなたの周りにいるスタイルの素晴らしい女性、キレイなプロポーションの女性を探してみましょう。

この場合、ダイエットしていることを打ち明けても、打ち明けなくてもかまいません。

ただ、あなたが気持ちよく会って話のできる人にしてください。会うたびにＩＲＡに「不快」がインプットされるような人と会っても、時間のムダです。

その人を決めたら会うチャンスを積極的に増やし、一緒にいる時間をなるべく多くとりましょう。

では、次ページにその人たちの名前を書き込んでください。

あなたが理想とするようなスタイルの人と一緒にいると、意識が変わってきます。「ステキだな」という情報が脳に送られ、「自分もキレイになろう」という気持ちが無意識にインプットされるからです。初心のドキドキワクワク状態に点火されるのです。

もし、あなたの選んだキレイな女性がダイエットに成功した人やダイエット大好き人間だったら、これは「喜びの扉」としては最高です。

ダイエットに成功した人は、ダイエットが難しいとはいいません。絶対に、「ダイエットなんて簡単よ」というに決まっています。

人間の脳というものは、「成功したこと→簡単」「失敗したこと→難しい」と記憶しているからです。

自分の周りにいるキレイな人

その彼女に、ことあるごとに「ダイエットなんて簡単よ」といってもらえば、あなたのＩＲＡには「ダイエットは簡単→ダイエットは成功する→目の前の女性のようにキレイになれる」と「快」の情報が送られ、ダイエットに肯定的な脳になります。「キレイになった自分」のイメージがドキドキワクワク描けるようになり、ダイエットに不可欠のイメージの根気がつくられていくのです。

恋愛パワーをダイエットに利用する

イメージの根気をつけ、「喜びの扉」をいつも開けておく、とっておきの方法があります。１年に１人、異性を好きになってしまえばいいのです。

恋愛のエネルギーこそ、「喜びの扉」を開いてドキドキワクワク状態をつくる最も効果的なエネルギーだからです。

「恋は盲目」とか「恋するとあばたもえくぼ」といいますが、人を好きになると、その人しか目に入りません。これは、〝恋愛ホルモン〟と呼ばれる「ＰＥＡ」（フェニルエチルアミン）が過剰に分泌されてしまう結果です。

好きな人の姿を見ただけでPEAがどんどん出て、胸がキュンとなってしまいます。目が合ったりすると、心臓はドキドキドキドキと16ビートで連打します。

1年に1人、あなたの胸がキュンとなって心臓がドキドキするような人ができたら、「その人に注目されたい」「その人によく思われたい」と、あなたは自分を磨きます。また、PEAの作用で、自然にキレイにもなります。

恋もダイエットも、理屈でするものではありません。「好き！」とか「キレイになりたい！」とあなたを動かしているのは、理屈よりも強い本能です。理屈脳ではなく、IRAがあなたを揺さぶっているのです。

芸能界を見てください。〝恋多き魔性の女〟と呼ばれる女優やタレントたちは一様にみなスリムです。

「この人、ちょっとダイエットしたほうがいいんじゃない？」と思ってしまうような女性はいません。

彼女たちは、恋愛の天才です。それも「恋愛しよう」と理屈で恋愛するわけではなく、本能的に恋愛をしてしまうのです。

GOLDEN RULE OF BRAIN

恋多き魔性の女たちの脳は「キレイでいたい」という本能が支配している
その脳が、本能的にダイエットさせている

あなたに1年に1人の恋人ができれば、1年間は本能的に自分をキレイにしようとします。PEAがどんどん分泌され、ドキドキワクワク状態が続きます。ダイエットしようとする気持ち、ダイエットを始めたら続けようという気持ち、「ダイエットしてキレイになった自分」のイメージも持ち続けられることになります。

といっても、今現在、パートナーがいる人に浮気や不倫をすすめているわけではないので、誤解しないでください。

今のパートナーにワクワクドキドキできれば、それが一番なのです。恋愛中なら恋人、結婚していれば旦那様です。

結婚していても、パートナーは一番身近な恋愛の対象です。恋愛のエネルギーがもらえるうえ、イメージの根気をつけてダイエットにも成功できるのです。あなたのパートナーをもっと愛しましょう。

「もう夫にはときめかないわ」という人なら、恋人同士だった頃を思い出して、デートのときの言葉や感情を思い出してドキドキしましょう。

「初デートのとき、あなたは……」「初めて手を握ったのは……」「初めてキスをしたとき、あなたったら……」「初めて愛し合ったときは……」など、ロマンチックでドキドキする思い出はたくさんあるはずです。

その思い出を書き出してみましょう。次ページにベスト5を思い浮かべて書き込んでください。

このように、記憶からドキドキの思い出を掘り起こして、ワクワクしてしまいましょう。そのドキドキとワクワクを使ってイメージの根気をつけ、ダイエットしたあなたを見せて、あなたの旦那様をもっとドキッとさせてしまいましょう。

「夫との恋愛時代なんて思い出したくもない。ＰＥＡなんてとんでもないわ！」とおっしゃる方もいらっしゃるでしょう。

そのような場合は、バーチャル恋愛をおすすめします。あなたの想像の中で恋人をつくってください。

たとえば、誰かのファンになることもいいでしょう。アイドルでも、韓流スターでも、

恋人時代の思い出

❶

❷

❸

❹

❺

ハリウッドの映画スターでも、歌手でも俳優でもいいのです。コンサートや映画を見ればそれはもう〝恋人〟との2人の時間です。

そのワクワクドキドキ感を魔法の杖に、「〇〇さんのために、私はダイエットでキレイになる！」と、イメージの根気をつくればいいのです。

リベンジのエネルギーをダイエットで燃やす

モデルや芸能人がビシッと体型を維持しているのは、周りの人にいつも見られており、自分を見せるのも仕事のうちということがあると思います。

けれど、それだけではありません。あれだけの体型を維持できるのは、もう絶対に揺るがない強烈な思いがあるからです。

モデルや芸能人は、自分の理想を徹底的に追求しています。自分の資本である美への思いは強いし、「キレイな自分」に強いプライドも持っています。同じモデル仲間に会うと無意識にも自分と相手のプロポーションを比較しています。

「絶対に体型を維持する」「絶対、〇〇には負けない」といった強烈なプライドがあるから、モデルや芸能人は最高のプロポーションが維持できているのです。

もしあなたが体型についてモデルほどの思いとプライドがあれば、絶対キレイになれるはずです。

何度もダイエットに失敗していた人が別人のようにダイエットに励み、変身してしまうということがあります。そういう人は、何かのことでプライドが傷つけられ、そのエネルギーが、閉じてしまいそうになる「成功の扉」を力づくでこじ開けたと見て、まず間違いありません。

プライドが傷つく原因には、いろいろあるでしょう。

- 「〇〇君、少し体型が立派になったね」といった課長のセクハラ発言
- 「あら、1年前の水着より2号もサイズが大きくなってない？」といった同僚の言葉
- 「お前、少し太ったんじゃないか」という心ないご主人のひと言
- 「奥様、貫禄が出てきたわね」という自分を棚に上げた隣の奥さんのイヤミ
- 「オレ、太った女は好みじゃないんだ。別れてくれ」というショックな別離宣言

なかでも、大好きな彼から「お前、太っているからイヤになった。別れる」なんていわれて、もしその彼があなたの大嫌いな女性とつき合いはじめたらどうでしょう？　プライドもズタズタに傷つき、血が逆流して絶対に許せないはずです。

でも、これはダイエットにとって千載一遇のチャンスなのです。リベンジしようとエネルギーを彼に向けたり、奪った女性に向けたりしても、あなたは損をするだけで何も変わりません。

頭にきたそのエネルギーをダイエットに向けるのです。プライドを傷つけられた反発や「意地でもやってやる」という〝意地のエネルギー〟は、ものすごく大きな心のエネルギーになります。

GOLDEN RULE OF BRAIN

あなたを変える最強のエネルギーは、ズバリ「女の意地」である

頭がクラクラするほど強烈なエネルギーなのですから、自分にプラスになるように利用してしまいましょう。

それが、「ダイエットしてキレイになった自分」を見せつけ、彼らを見返してやる〝意地のダイエット〟です。

今までの言葉や経験を思い出して、「どう、キレイになったでしょ」と一番見返してやりたい人、「キレイになった自分」を一番見せつけてやりたい人を1人だけ選んでください。そして、次ページにその人の名前とともに、悔しい思いをしたエピソードをできるだけ具体的に記入してください。

心が弱気になったり、「ちょっと休もうかな」と思ったとき、このページをめくって悔しい思いをしたシーンを思い出しましょう。そして、「その言葉を撤回させてやる！　ダイエットして見返してやる」と何度も何度も繰り返して自分にいい聞かせましょう。「意地の扉」をノックしてやるのです。

悔しいイメージから燃え上がる意地のダイエットは、氾濫するダイエット法など足元にも及ばない成功確率の高いダイエットです。

なかば復讐するイメージで、「絶対にダイエットしてやる」とダイエットの炎をメラメラと燃やし続けられれば、それは驚異のダイエットになります。意地の炎が燃えている限り、ダイエットは終わりません。

見返したい人と悔しいエピソード

一番見返してやりたい人

悔しい思いをしたエピソード

「絶対に見返してやる！」という意地の炎が、苦しさやつらさなど吹き飛ばしてしまい、いつもあなたの心にエネルギーをくれます。

停滞したときこそ思い込みの自信を強める

ダイエットでつらいのは、なかなか思うように体重が落ちなかったり、停滞してしまったときでしょう。

人にはそれぞれに体質がありますから、すぐに結果が出る人ばかりではありません。少しずつ進む人もいれば、最初のうちは期待通りの結果がなかなか出ない人もいます。

でも考えてみてください。脂肪というものは、この1日や2日が原因でついたわけではありません。半年、1年、2年、3年の絶え間ない積み重ねがつくったのです。だから、すぐに身体が変化しなくてもあわてる必要はありません。それに絶食などして無理やり体重を落とせば、大きなリバウンドという副産物がついてきます。

とはいうものの、目に見えて結果が出ていれば「絶対できる。このまま続けよう」と思えるのですが、結果がなかなか出てこないとワクワクできなくなってきます。

ここで現実分析から否定的なイメージがふくらんでしまうと、心の中は不安やためらいでいっぱいになります。「私にはムリではないか？」とか、「このまま続けていて大丈夫なのだろうか？」などと思いはじめるのはそんなときです。

それが「自信の扉」が閉じてしまった状態です。「自信の扉」が閉まれば、マイナス思考が活躍します。「ダイエットしてキレイになった自分」のイメージや目標などすっかり忘れ、「どうせ、私は……」と現実に負けてしまうのです。

ダイエットに失敗した人、「ダメだった」とあきらめた経験のある人は、必ずこのプロセスを着実に歩んでいるはずです。

ダイエットがうまくいかない人は、すぐに「自信の扉」が閉まる人です。否定的になり、自分で不安をつくり出し、失敗へと誘導してしまうのです。

不安な心、ワクワクできない自分、迷いながらの行動から、決してよい結果は導かれません。否定的なイメージは失敗の母、そのイメージから生まれる不安は失敗の娘です。「できるかな？」と思いはじめたとき、すでにあなたは〝できない〟道に踏み込んでいるのです。

GOLDEN RULE OF BRAIN

不安など、もともと現実に存在していない
マイナスのイメージを持ちはじめると起こる心理現象に過ぎない

絶対の自信を持って行動していれば、そのエネルギーは強大なものになります。ダイエットの目標が決まっても、最後までやれるかどうかは、「自信の扉」をいつも開けていられるかどうかにかかっています。「自分は絶対にできる」という最後まであきらめない強い気持ち、自信です。

「自信が持てないから、これまでもうまくいかなかったんじゃない」

もしこういわれるなら、あなたに〝自信の正体〟をお教えします。不安と同じように、自信なんて勝手な思い込みに過ぎません。

GOLDEN RULE OF BRAIN

自信の正体は、字が示しているように「自分を信じる」こと

よく、「何かがうまくいったから自信がつく」と思っている人がいます。しかし、これは偉大な勘違いです。「自分を信じる思い＝自信」があったからこそ、うまくいったのです。「できる」と強く思い込んで自分を成功の方向に誘導するもの、それが自信なのです。

自信は生まれながらに持っているものではありません。あるときを境に自信を持ち、あるときを境に自信がなくなります。あるときを境にということは、もともとは存在していないのですから、自分がよくなるのであれば、思うことはタダです。

少しくらい過信でも構いません。「ダイエットなんか楽勝よ」とダイエットを飲み込んでしまいましょう。「自信の扉」が開いていれば、不安など感じません。本当に、ダイエットなど楽勝ものになってしまうのですから不思議です。

自分の甘えを叱ってくれる人を持つ

誰にでも、甘えはあります。でも、ダイエットに心の甘えは禁物です。そもそもダイエットしなければならないのは、心の甘えが原因ということを思い出してください。

ダイエットを始めてもすぐに甘えが出てしまう人は、いわば環境適応能力に優れた人です。「あのとき、外食に誘われなかったら食べなかった」とか、「あまりにもおいしそうなデザートだったから仕方ない」などと、環境に適応してしまった自分をしっかり正当化するのです。

ダイエットは、「今の環境に適応しすぎない自分をつくる」ことで成功します。でも、自分自身ではどうにもならないのですから、環境に適応しすぎるあなたを指導してくれる誰かを見つけることです。

それが「叱りの扉」を開けておくことになります。

でも、病気などで定期的にお医者さんの指導を受けている人なら別ですが、いい大人になっているあなたに対して、食べ物くらいで注意してくれる人などそんなにはいないかもしれません。

だったら、心の中に、叱ってくれる人を住み込ませてしまいましょう。心の中に「叱りの扉」をつくるのです。

あなたの大好きな彼でも、学生時代にお世話になった先生でもいいので、あなたのことを心配してくれる人を1人選び、次ページにその人の名前を書きます。そしてその下に、その人が何といって叱ってくれるかを記入してください。

叱ってくれる人とその言葉

叱ってくれる人

叱ってくれる言葉

また、ダイエットを始めてすぐに結果が出ると、その結果に甘えてしまう人もいます。ちょっとした結果なのに、満足感からすぐに自分にご褒美をあげてしまうのです。これも「叱りの扉」が開いていない人です。

自分にあげるご褒美といえば、まず甘いものです。「よくやった。ご褒美だから」と甘いものに走ると、その瞬間にダイエットは終わってしまいます。ダイエットの誘惑より、甘いものの誘惑力のほうがはるかに魅力的で、強大です。

GOLDEN RULE OF BRAIN

自分に褒美をあげた瞬間、追いかけていた目標は姿を消す

せっかくうまくいきはじめたダイエットなのに、すべてが水泡に帰してしまうばかりか、果てしないリバウンドが待っています。

ダイエットすればするほど、ダイエットを上回るリバウンドで、〝こりないリバウンド・デブ〟になってしまいます。リバウンドが大きいために、ダイエットしないほうがよっぽどマシという悲劇的な結果になってしまうのです。

甘えグセのある人は、自分1人では絶対にダイエットできません。少し結果が出たから

とすぐに結果に甘えてしまう人も、甘えの心を徹底して直さないとダメです。こういうタイプは、いつも誰かに指導を受けていないとダイエットできないのです。

「叱りの扉」は、ダイエットを成功に導いてくれる賢者のようなものです。甘えそうになったとき、「叱りの扉」が開いていれば、その人が心の中で厳しく自分を叱ってくれます。お叱りが胸に響くものであればあるほど、賢者の威光の前に、甘えも従順になります。

くじける前に応援のエネルギーをもらう

厳しく叱ってくれれば続けられる人もいれば、あまり厳しく叱られると、くじけてしまう人もいます。心根の優しい人にこういう人が多いのですが、くじけてしまうと先には進めません。

同じゴールに続く険しい道と平坦な道があれば、人間誰しも好き好んで険しい道を選ぶ人はいないものです。でも、誰かが「頑張れよ」と応援してくれたら、険しい道でも頑張れるものです。

人の心の奥底には、「誰かに認めてもらいたい」「誰かにほめてほしい」という本能的な欲求が必ずあります。認めてもらったり、応援してもらったりすると、ＩＲＡは大きな「快」を感じます。

その「快」の感覚が心地よいし、「快」の心地よさによって「また頑張ってほめてもらおう」と達成意欲が刺激されます。それが「応援の扉」です。

GOLDEN RULE OF BRAIN

ほめられる→うれしい→そうなろうとする→そうなってしまう

実際にあなたを応援してくれる人がいなくても大丈夫です。あなたの脳が快になればよいのですから、あなたの脳の中に応援してくれる人物が想像できればいいのです。応援してくれる人ができれば、誰でも強くなれます。もちろんたくさんの人が応援してくれれば、それだけ大きな力となりますが、たった1人でも応援してくれる人がいればいいのです。

私たちは「自分を応援してくれている」と脳が錯覚していれば、目標に向かって頑張れるし、集中できるのです。

暴走族だって、車高を低くしたシャコタンに乗って、深夜に大きなクラクションを鳴らして走り回るのは、「ここにオレがいるんだ!」とアピールして、「迷惑な奴がいる」と認めてほしいからです。

仲間にほめてもらうより、一般の人に「迷惑な奴がいる」と認められるほうが、彼らにとっては快感なのです。他人に迷惑と思われて走れば走るほど、彼らのＩＲＡには「快」の情報がどんどん送られてドーパミンが大量に分泌され、いっそう暴走に力が入るというわけです。

ビジネスの世界でも、成功した人は成功への道筋を論理的に追っかけたから成功したのではありません。

「快→もっと頑張ろう→成功→快→また頑張ろう」の単純な繰り返しがうまかった人です。ドーパミンのおかげで快楽が追求できたのです。成功した人間は、単純だったから成功できたともいえるのです。

GOLDEN RULE OF BRAIN

成功した人も、暴走族も、「快」を求めて暴走しているだけである

だから、社会的に成功した人は社会という道路を暴走した人たちで、暴走族はコンクリートの道路を暴走した人たちです。

ドーパミンのおかげで、「成功という快」か「迷惑という快」かのどちらを求めているのか、ただそれだけの違いなのです。

「ダイエット頑張れよ、応援するから」といってくれる人がいれば、その瞬間、あなたはダイエットで力強い支えをもらったことになります。

くじけそうになったとき、その人に応援してもらえば、あなたはその人のためにも頑張ることができるのです。

とくに恋人のような大事なパートナーがあなたにいて、その人に応援してもらえれば、やる気も倍増。ドーパミンの分泌も活発になります。やる気に比例して、体重曲線は下降していくでしょう。

恋人のようなパートナーがいなくても、大丈夫です。あなたのダイエットを応援し、成果を喜んでくれる友達がいればＯＫです。

それでは、今あなたを心から大事に思って応援してくれる人を1人選び、その人がかけてくれるであろう応援メッセージとともに次ページに記入してください。

応援してくれる人とそのメッセージ

応援してくれる人

応援メッセージ

今リストアップした人に、「私、ダイエット頑張ってみようと思うの」と、何気なくいってみましょう。そして、その友達と定期的にコミュニケーションをとるのです。こうして「応援の扉」を開いておくのです。

「最近、ダイエットどう？」

「うまくいっているみたいね！」

こんなふうに応援してくれる人は、最高のサポーターです。その友達は、生涯の友人としてもベストフレンドです。大事にして決して損はありません。

ストレスとも仲よくつき合う

ストレス社会といわれるほど、現代社会はストレスにあふれています。そこで、心を癒すこと、癒しの重要性が盛んにいわれています。

肉体的な疲れは症状に出やすいのでわかりやすいのですが、精神的な疲れはなかなかわかりにくいし、症状にも出にくいものです。知らない間にストレスをため込んでいて、それに気づかないことも少なくありません。だから、うつ病や不安神経症（パニック障害）などになり、症状が出たときはすでに手遅れだったということにもなりかねないのです。

ストレスは、ふくらんだ風船を指で押すようなものです。力を加えると風船はゆがみ、押した分だけはね返してきます。押し続けていれば、風船が破裂しかねません。ですから、力を入れたら抜く作業をしなければいけません。

アスリートは、試合のときに気持ちを意識的に高揚させます。もし試合が終わってからもその状態を続けていると、気持ちの高ぶりから眠ることができません。試合が終われば、必ず気持ちを落ち着かせる作業を行います。

トップアスリートは、技術が優れているだけではありません。私はこれまでの経験から、「気持ちの高揚とリラックスがうまくできる選手が、トップの座に上り詰めることができる」と断言できます。

ダイエットをすると、知らず知らずにストレスを受けてしまいます。穏やかなダイエットでも、ストレスは感じています。ダイ

エットを頑張れば頑張るほど、ストレスになり、そのストレスが脳内物質の変調をきたして、〝幸せホルモン〟のセロトニンの量を減少させてしまいます。

とくに短期のダイエットを試みた人は、ストレスの反動から脳内ホルモンの変調が激しくなり、厳しいリバウンドを起こします。リバウンドは、ダイエットをやめた瞬間から目標意識がなくなることで起こるのですが、ダイエット期間中に大きなストレスを抱え込んだ人のほうが大きなリバウンドに見舞われます。結果として、「やらなければよかった」といった状態になることが少なくないのです。

ストレスと上手につき合っていくことが、ダイエットを成功させるコツです。ダイエットで頑張ったら、リラックスです。リラックスすると、また頑張れます。スポーツ選手でいえば、力を入れるために力を抜くのです。

それが、リラックスしてセロトニンの分泌を回復する「癒しの扉」です。ダイエットを頑張ったら、その日のストレスを取り除き、いつもいい気持ちでダイエットできるようにしたいものです。寝る前に「癒しの扉」を開き、心を落ち着かせる時間をつくりましょう。「癒しの扉」を開くことでダイエットのストレスをなくし、いつもイキイキと頑張れる心をつくるのです。

リラックスしてイメージが入りやすくする

リラックスには、もっと大切な理由もあります。イメージをＩＲＡに強く植えつけることに、リラックスは非常に効果があるのです。

会社で上司に叱られたとき、仕事の目標など吹っ飛んでいます。ダイエットの目標も、どこかに吹っ飛んでいるでしょう。

夫婦喧嘩をしてイライラしているとき、ダイエットの目標などイメージできるはずがありません。

禅宗のお坊さんは呼吸を整え、心を落ち着かせて座禅を組みます。雑念を消して無の境地に入るためです。

スーパーブレイントレーニングの考え方からも、この方法は理にかなっています。理屈脳で「無の境地」をいくら探っても到達できませんが、リラックスしてイメージすると、ＩＲＡに「無の境地」が描けるのです。

GOLDEN RULE OF BRAIN

リラックスした状態でなければ、IRAにイメージが記憶されない目標が実現することもない

IRAに受け入れ態勢ができていなければ、いくらIRAを変えようと頑張っても、イメージを繰り返しても不可能なのです。リラックスした状態でイメージを強く送り込むと、IRAにイメージが入りやすくなります。

リラックスすると、セロトニンの分泌が増えます。セロトニンはジワジワッと幸福と満足を感じさせてくれる〝幸せホルモン〟です。この〝幸せホルモン〟が分泌されると、扁桃核を含むIRAは幸せ感、つまり「快」の状態に浸ります。

IRAが「快」の状態に浸ったとき、すべてを肯定的にとらえられます。そのときに肯定的なイメージを送り込んであげると、IRAは送り込まれた情報を「快」と記憶するのです。つまり、リラックスすることはIRAを変え、ダイエットに肯定的なIRAをつくるということなのです。

ダイエットの成功に、これほど大きな味方はありません。IRAにイメージの受け入れ

態勢をつくるうえで、リラックスして心を落ち着かせる必要があります。音楽を聴く、ヒーリングビデオを観る、呼吸法をやるなど、いろいろなリラックス法がありますので、自分が最もリラックスできる方法を発見して取り入れるのがよいでしょう。

あきらめた時点で負け組に逆戻り

すでに述べたことですが、ダイエットで最も大事なことは、〝続けること〟にあります。どんな素晴らしいダイエットでも3日で終わってしまったのでは効果がありません。長続きこそ、ダイエットに成功する最大のコツです。

勉強でも、スポーツでも、音楽でも、長続きしない人はなかなか上達できません。どんな趣味でも、ピアノや英会話、茶道・華道などの習い事でも同じです。

そういった習い事で、友達と同時期に習いはじめ、誰が見ても自分のほうがリードしていたのに、自分は途中でイヤになってやめてしまった。

でも、あきらめずに続けた友達はいつの間にか自分のレベルを超え、驚くほどうまくなっていたといった経験はないでしょうか？
そのとき、あなたはどんなことを思ったでしょうか？
思い出してみてください。

・私も続けていればよかった。惜しいことをした
・続けていれば、自分は友達よりもっとうまくなっていたはずだ
・続けていても、友達よりうまくなっていたとは限らない
・やめてしまったのだから、仮定の話をしても意味がない

はじめの2つの考え方をする人が多いかもしれませんが、もしあなたが続けていたとしても、その友達ほどうまくなったとは限りません。

あきらめずに頑張ることができて上達することと、イヤになって途中でやめてしまうこと。この差はわずかな差に見えますが、じつはかなり大きな差なのです。

意志や気合の力にだまされてはいけない

頑張れたか、頑張れなかったかを、単純に意志の力にしてしまう人がいます。意志の力が強靭であれば頑張れるし、弱ければ途中で挫折するというわけです。精神主義というか、ガンバリズム至上主義です。最近は、「人生は気合だ!」と叫ぶ人もいます。

しかし、これは錯覚です。ガンバリズムだけで頑張れたら、気合だけでこの世が思うようになるのなら、悩む人など誰もいません。

私たちのスーパーブレイントレーニングで能力開発しようとする人もいなくなるでしょうから、私たちは新しい仕事を考えなければなりません。

しかし、私たちにとって幸いなことに、意志や気合だけでは能力開発は思うように進まないのです。

私たちの能力開発では、「将来のよいイメージを持ち続けることができれば、限りなくそのイメージに近づく。イメージした通りの人間になっていく」と指導します。

「あんなふうになりたい」とか「こんなふうになりたい」といった理想のイメージが現実になるかどうかということは、そうした理想のイメージを持ち続けられるかどうかにかかっているのです。

何事にせよ、何かを続けられた人は、将来のよいイメージが無意識のうちに維持されていた人です。

人から何といわれようと、ご機嫌な脳が成功を疑わなかった。だから途中で挫折することなく、継続が可能だったのです。

GOLDEN RULE OF BRAIN

成功者とは、よいイメージを決して疑わなかったご機嫌な脳の持ち主である

間違えてはいけないことは、「頑張ろう！」と心に決めたり、「頑張るぞぅ！」と気合を入れ続けたりしたから続けられたわけではないということです。

「頑張るぞ！」と自分にいい続けることは、「頑張らないと現実は変えられない↓しんどい↓できないかもしれない」といったように、無意識に脳を否定的にコントロールしてしまいます。

こうした否定的な脳だと、成功するものも成功しません。できないこと、できない自分を正当化するように、脳があなたを巧みに誘導してしまうからです。

GOLDEN RULE OF BRAIN

「頑張るぞ」というと、脳は無意識にストレスを感じる

THE PERFECT MENTAL DIET

CHAPTER 5

痩せたあとはもっと輝くように自分を磨く

内面の魅力にも目を向ける

ダイエットはただ体重が落ちればいいというものではありません。

ダイエットを決意したくらいですから、体重計の数字も、去年は入ったのに今年は入らないスカートやパンツも気になるでしょう。皮下脂肪率の表示も見過ごせません。けれど、無理なダイエットを強いて身体をボロボロにしたり、拒食症になったり、リバウンドしたりしてしまってはまったく意味がありません。

体重計の数字は目標になりますが、目的にはなりません。ダイエットの本当の目的は「自分を見つめ直す」ことです。

ダイエットとは、「太ってしまった自分を、心身の両面から見つめ直す意識トレーニング」になるわけです。

内面から輝きが放散され、その内面からの輝きに恥じない美しさをつくり上げることが、ダイエットでは重要になります。ダイエットを通して自分を磨く——それがダイエット本来の目的ですし、この目的が果たせたとき、あなたのダイエットはパーフェクトなダイエットになります。

私の周りにはたくさんの素敵な女性がいます。経営者だったり、アスリートだったり、芸能界で活躍している方だったりと、そのフィールドはさまざまですが、皆さんに共通しているのは、それぞれの方が〝美のオーラ〟を発していることです。

辞書で「オーラ」という言葉を調べると、「物体から放散する放散物や発気」と説明されています。この意味から、オーラとは一見、蒸気や煙のように私たちの目に見えそうに感じられます。

しかし、私たちが感じるオーラは実際に目に見えるものではなく、私たちの脳が相手の気配や雰囲気を読み取り、「この人は何だかすごそう」とか「この人は強そうだ」というふうに無意識に感じ取っている心の働きです。

古い言葉に、「外面似《げめんじ》菩薩《ぼさつ》、内心如夜叉《ないしんにょやしゃ》」という言葉があります。

平安時代につくられたといわれていますが、「顔は菩薩様のように美しく柔和に見えるけれど、心根は夜叉のように険悪で恐ろしい女性」という意味です。この言葉を借りると、

ダイエットは「外面似菩薩、内心如菩薩」をつくるもの、つまり「外見の美＋内面の美」を目指すものなのです。

目標の数字だけを追いかけるダイエットだと、○キロという目標数字を達成したとたんにバーンアウトしたり、激しいリバウンドに見舞われたりしてしまいます。これでは、「外面似夜叉、内心如夜叉」になってしまいます。

幸い、バーンアウトしたりリバウンドしなくても、「外面似菩薩、内心如夜叉」ではダイエットは未完成です。あなたのダイエットを完璧なものにするために、内面の魅力にもぜひ目を向けましょう。ここをきちんと脳にインプットしておく必要があります。

若さのエネルギーでダイエットを完成させる

あなたのダイエットをパーフェクトなものにする第一の要素は、若々しい気持ちを持ち続けることです。ぜひ30代を迎えても、40代に入ったとしても、若々しい気持ちを持ち続けましょう。

気が若く弾んでいれば、外見も実年齢を感じさせないほど若くなります。

人間は環境から自分の気持ちが変えられるということがあります。疲れ切った人と一緒にいるとき、こっちのエネルギーがどんどん奪われるような感じになったことがありませんか？

だから、若々しさを保とうとするなら、エネルギーあふれる若い人と一緒にいることです。若い人たちに囲まれて仕事をしたり、若い異性とつき合っていれば、気分がワクワク弾み、若さのエネルギーが満ちてきます。

GOLDEN RULE OF BRAIN

ＩＲＡに年齢の意識はない
若い人と一緒にいると、ＩＲＡは「自分も若い」と錯覚する

ＩＲＡが「自分も若い」と錯覚すると、無意識に感覚がフレッシュになります。美への感覚も若くなりますし、重力にも負けない身体にもなります。「病は気から」というように、「美しさも気から」「理想の体型も気から」というわけです。

外に出て自分をドキドキワクワクさせる

内面から輝くためには、趣味も有効です。

心から楽しいと思える趣味を持ち、その趣味を楽しんでいる人は輝いています。その輝きは内面から放散される輝きで、「イキイキしている」というのは、まさにこうした状態を表現しているのです。

日本の伝統的な茶道や華道は心を練り、人間形成に役立つといわれます。私はお茶や生け花については専門外ですが、茶道や華道は茶や花を使ったその流派なりの宇宙表現だと思っています。だから、ある程度の決まりや形が必要になることは当然の理なのですが、形を教えていただくことが練習のほとんどになっているように感じています。

趣味というものは、まず楽しいと思えなければ、心構えも何もないのではないかと思えて仕方ありません。堅苦しい作法を教えようとしてしまうから、IRAは「楽しくない↓不快↓やめよう」となって、続かない人が多いのではないでしょうか？

それより「お茶は楽しい」「お花は楽しい」とＩＲＡが感じ取るような指導、ＩＲＡが「楽しい→気持ちがドキドキワクワクする→快」となって〝やる気ホルモン〟のドーパミンの出る指導のほうが、習うほうとしては続くと思うのです。もし私が茶道や華道に関係していたら、絶対にそういう指導法にします。

話が飛んでしまいました。ダイエットに戻しましょう。

趣味で内面が輝いているからといって、その人が必ず痩せているとは限りません。それでも、趣味に楽しく興じている人は、周りから見ると輝いて見えます。ですから、内面を輝かせるために、「楽しい！」と思える趣味を持つことをおすすめします。

また各種のセミナーへの参加も、内面を磨く意味があります。

楽しいと感じてしまう趣味と同じく、いろいろなセミナーに参加している人もイキイキしています。私どももいろいろなセミナーを開催していますが、参加される方々の目が輝いています。

とくに女性は、家庭を持つと外に出る機会がどうしても減ります。元気の出るセミナーや面白そうな講演会などはどんどん参加するようにしましょう。もちろんセミナーでなくてもいいでしょう。友達の結婚式、久々の同窓会のようなものでもいいですから、ドキドキワクワクできるような機会があれば積極的に参加しましょう。

趣味やセミナーの選択基準は、自分が心底から楽しいと感じられるかどうかです。その趣味を楽しんでいるときにドキドキワクワク感が感じられるもの、セミナーなら弾んだ心で参加できるもの、結果にドキドキワクワクできるものと、とにかくドキドキワクワクの刺激が高いものを選ぶことです。

とにかく笑って幸せをあふれさせる

赤ちゃんの笑顔ほど、素晴らしいものはこの世にありません。「いないいないバァ」とか「高い高い」をやってあげると、赤ちゃんは無邪気に喜びます。汚れのないその笑顔を見れば、誰の心だって幸福感に満たされるものです。

人の心を幸福感で満たす笑顔は、何も赤ちゃんの笑顔だけではありません。あなたの笑顔だって、普段のあなたの表情の何倍も素敵に輝いているのです。

スポーツ選手を見ればよくわかりますが、競技で苦しくなると、顔の表情が苦しそうになります。苦しさが表情につい出てしまうわけです。その苦しさを乗り越えて優勝してメダルをかけてもらえば、最高の笑顔になります。

表情は大事です。たとえば、あなたがダイエットのために運動をしていると、ダイエットのためといってもキツいものです。「イヤだなぁ」と感じていると、苦しい表情になっています。逆に、大好物の甘いものが目の前にあり、「どれを食べようか？」と思案しているとき、うれしさから表情は輝いています。

顔には、その人の性格や感情が出てしまうのです。ダイエットが苦しいと感じている人は、決して美しい表情にはなりません。ストレスを感じ、何となく暗い表情をしています。ダイエットにまったくストレスがない人は、心から楽しんでいる感じが表情に出ます。

顔の表情と感情は、密接につながっています。普通は「感情→表情」となるのですが、これを「表情→感情」と逆転させることもできます。

また、笑うと〝幸せホルモン〟のセロトニンが分泌されます。セロトニンが分泌されるとジワジワジワッと幸せ感と満足感が訪れます。

「笑う門には福来たる」という言葉がありますが、「笑う門にはダイエットの成功来たる」

です。笑うことで、ダイエットが成功してしまうのです。

また、笑うと顔の筋肉（表情筋）を使います。顔をスリムにする運動にも、豊かな表情をつくることにもなり、一石二鳥にも三鳥にもなります。

人を感動させるオーラを身につける

言葉は、その人の内面を映す鏡です。抜群の体型の女性が、必ずしも品のある美しい言葉を話すとは限りません。でも、品のある言葉が流れるように自然に口をついて出る人は、美しい内面を持っています。

美しい体型＝美しい内面といえなくても、美しい言葉＝美しい内面であることは確かです。パーフェクトなダイエットを目指すなら、「美しい体型で美しい言葉が自然に使える自分」を目的にしたいものです。

ちょっとした動作、ほんのわずかな表情にも、品の違いはあります。たとえば、小太りのオバサンが座席のわずかな隙間にお尻を「どっこいしょ」と割り込ませてきます。そんな姿を見たあなたは、「品のない人。あんな人にはなりたくない」ときっと思うはずです。

あなたが描いた「ダイエットしてキレイになった自分」は、おそらく上品であるはずです。そのイメージと、品のない言葉づかい、品が感じられない動作・表情とはマッチしません。イメージにはあふれるほどの品があっても、現実の言葉・動作・表情に品がないと、理想のイメージとのギャップについていけなくなります。次第に、「ダイエットなんかしても……」となってしまうのです。

GOLDEN RULE OF BRAIN

外見が美しいから、立ち振る舞いが美しいわけではない
立ち振る舞いが美しいから、外見も美しくなっていく

品のある言葉づかい、品の香る動作・表情を心がけ、それが自然にできるようになれば、描いたイメージと現実がオーバーラップしてきます。脳はイメージと現実の区別がつきませんから、描かれたイメージに現実のほうが近寄ってきます。

これが「イメージの実現化」です。ちょうど人工衛星が地球周回軌道に乗ったように、あなたがダイエットの成功軌道に乗った証拠です。こうなるとダイエットはムリなくできるようになり、あなたのダイエットはどんどん完璧性を増していきます。

ここまでくれば、あなたは〝魅力のオーラ〟を放射するダイエットの達成にあと一歩です。パーフェクト・ダイエットの完成に向けて、最後の魔法の法則をお教えしましょう。

GOLDEN RULE OF BRAIN

私は、人に感動を与えるダイエットをする

このセルフトークを、毎日、鏡の前で自分自身に語りかけることです。そのセルフトークが、あなたのダイエットをパーフェクトにします。あなたのダイエットを完成させ、感動を与えられる人間にしてくれるのです。

おわりに

これまで「ダイエット」というと頑張らなければいけないと感じる人がたくさんいました。じつは「頑張らなければ……」と感じるだけで、私たちの脳はワクワクできず、脳が不快なほうへ進んでしまうのです。

ダイエットは楽しくて簡単なこと。本書を読んで理解し、学んでくださったあなたなら、それがどんなにラクなことかすっかりおわかりいただけたことでしょう。私たちが正しいとわかっていても、脳は楽しいと思うことしか続けようとしないのです。

本書の最初に書きましたが、ダイエットはビジネスやスポーツ、受験など他の目標達成と違って、高度な技術や知識、能力や経験をほとんど必要としません。だからダイエットに成功するのは、実に簡単なことなのです。本当にちょっとした脳の使い方の問題に過ぎないのですから。

本書でナビゲートしたダイエットの目標達成のための7つの扉をいつも開けておいてください。

・成功イメージを持ち続けることで**「成功の扉」**を開けておく
・いつもドキドキワクワクすることで**「喜びの扉」**を開けておく
・悔しい気持ちを忘れずに**「意地の扉」**を開けておく
・自分を信じることで**「自信の扉」**を開けておく
・自分を厳しく見つめ直す**「叱りの扉」**を開けておく
・サポーターの応援を力に**「応援の扉」**を開けておく
・脳のストレスを消去する**「癒しの扉」**を開けておく

これがダイエットに成功する過程で必要な7つの扉です。そしてこの方法を応用すれば、あなたは人生のどんな目標もラクラク達成することができるでしょう。

これが一流になる人たちと同じ脳の状態なのです。

あなたには無限の可能性がありますよ！　さあ、あとは実行あるのみ。理想の体重や美しいボディラインをラクラク手に入れて輝いているあなたに出会える日はもうすぐです。

著者プロフィール

西田一見 Hatsumi Nishida

メンタルトレーナー&目標達成ナビゲーター
株式会社サンリ 代表取締役社長
JADA［日本能力開発分析］協会 代表
JADA認定SBTグランドマスターコーチ
一般社団法人 日本朝礼協会 理事

1973年生まれ。サンリ能力開発研究所にて大脳生理学と心理学に基づく科学的なメンタルトレーニングの研究をはじめ、脳の機能にアプローチする画期的な潜在能力開発プログラム「SBT（スーパーブレイントレーニング）理論」を指導。

さまざまな心理分析データから夢・目標達成をサポートする「目標達成ナビゲーター」として、講演・講習などですでに数百万人もの指導実績を持つ。

ビジネスパーソンへの個人指導をはじめ、Jリーガー、プロ野球選手、プロゴルファーなど、トップアスリートのメンタルトレーニングにもあたっている。また、小中高生を対象とした目標達成のための受験指導でも高い評価を受けている。

近年では上場企業をはじめとした企業の社員教育にも力を注ぎ、「社員のやる気が根本から変わり、組織が急激に伸びていく」と講演依頼も多数。

『笑っていいとも!』（フジテレビ系列）、『たけしのニッポンのミカタ!』（テレビ東京系列）のテレビでも取り上げられ、話題となる。『anan』（マガジンハウス）、『BIGtomorrow』（青春出版社）、『プレジデントファミリー』（プレジデント社）、『美的』（小学館）、『FYTTE』（学研パブリッシング）などの雑誌への寄稿も多数。

主な著書に、ベストセラー『成功する人は、なぜジャンケンが強いのか』（青春出版社）、『いやな上司はスタバに誘え!』（ビジネス社）、『ビジネスNo.1理論』『脳から変えるNo.1社員教育』『イヤな気持ちは3秒で消せる!』『一流になる勉強法』（現代書林）などがある。

西田一見 公式ウェブサイト http://nishida-hatsumi.com/
西田一見 フェイスブック https://www.facebook.com/nishidahatsumi
株式会社サンリ ウェブサイト http://www.sanri.co.jp/

本書をご購入いただいた方限定の無料特典!!

西田一見から感謝を込めて、
読者の皆様へお贈りします。

本書で紹介したスーパーブレインダイエットを、
さらに成功に導くために、3種類のシートを用意しました。
ぜひご活用ください。

「ブレインダイエットシート」
(PDF)

ダウンロード

http://www.nishida-hatsumi.com/dl/diet

※無料特典はWEB上で公開するものであり、
CDやシートなどを郵送するものではありません。

本件に関するお問い合わせは、株式会社サンリまで
webmaster@sanri.co.jp

メンタルトレーナーが教《おし》える最強《さいきょう》のダイエット

2018年4月18日　初版第1刷

著　者 ―――― 西田一見《にしだはつみ》
発行者 ―――― 坂本桂一
発行所 ―――― 現代書林
〒162-0053　東京都新宿区原町3-61　桂ビル
TEL／代表　03(3205)8384
振替00140-7-42905
http://www.gendaishorin.co.jp/

ブックデザイン+DTP ―― ベルソグラフィック
本文イラスト ―――― one line man, Alla_vector/Shutterstock.com
装丁使用写真 ―――― LightField Studios/Shutterstock.com

印刷・製本　広研印刷㈱
定価はカバーに表示してあります。
万一、落丁・乱丁のある場合は購入書店名を明記の上、小社営業部までお送りください。送料は小社負担でお取り替え致します。
この本に関するご意見・ご感想をメールでお寄せいただく場合は、info@gendaishorin.co.jp まで。

ISBN978-4-7745-1688-2 C0076

No.1営業力

西田文郎 著

定価
本体1500円+税

真のトップセールスになれる方法を〝脳の使い方〟から説き明かした画期的な営業指南書。営業はお客さまの脳との勝負です。人の心を動かすセオリーを、実践的なノウハウ、スキルとともに紹介しています。

No.2理論 最も大切な成功法則

西田文郎 著

定価
本体1500円+税

「何が組織の盛衰を決めるのか?」――その答えが本書にあった！ これまで見落とされがちだったマネジメントにおけるナンバー2の役割を明らかにした著者渾身の意欲作。すべてのエグゼクティブ必読の一冊！

はやく六十歳になりなさい

西田文郎 著

定価
本体1400円+税

人生の大チャンスは60代にこそある――。脳の機能について長年研究を重ねてきた西田先生はこう断言します。60代は、人生で最も豊かで可能性に満ちた年代。60代からをワクワク生きたい人は、ぜひ読んでください。

ビジネスNo.1理論

西田文郎 監修
西田一見 著

定価
本体1400円+税

17年を経て『No.1理論』のビジネス版が登場！ 進化した理論をベースに、3つの脳力「成信力」「苦楽力」「他喜力」を使って、成功間違いなしの「勝ちグセ脳」を手に入れられます。ワークシートで実践しながら学べる本。

脳から変える No.1社員教育

西田一見 著

定価
本体1500円+税

社員教育はこれで決まり！ 本書は、やる気が感じられない「イマドキの若手社員」を〝脳の使い方〟から変えて、自ら意欲的に動く人材に育てる手法を具体的に解説。若手の育成に悩んでいる経営者、現場リーダー必読。

看板のない居酒屋

岡村佳明 著

定価
本体1400円+税

看板もない、宣伝もしない、入口もわからないのに、なぜか超満員の居酒屋。その人気の秘密は、人づくりにあった。著者が実践してきた「商売繁盛・人育ての極意」が一冊の本になりました。［解説：西田文郎］

すごい朝礼

大嶋啓介 著

定価
本体1500円+税

年間に約1万人が見学に訪れる居酒屋てっぺんの「すごい朝礼」。毎日たった15分の朝礼で、個人や組織に劇的な変化が起こります！ 会社やチーム、家庭などで、ぜひお役立てください。［解説：西田文郎］

非常識な読書のすすめ

清水克衛 著

定価
本体1400円+税

新しい時代の波に乗る「生き方」は、すべて「読書」が教えてくれる！ 人生、働き方、恋愛、仲間……自分らしく生きるために役立つ「本の読み方・選び方」を30の項目で伝授。特に20代におススメの1冊です。